思维导图学习法

超实用的笔记方法

静　日　编著

吉林科学技术出版社

图书在版编目（CIP）数据

超实用的笔记方法 / 静日编著 . -- 长春 : 吉林科学技术出版社，2024.4
（思维导图学习法 / 李思言主编）
ISBN 978-7-5744-1068-8

Ⅰ . ①超… Ⅱ . ①静… Ⅲ . ①学习方法 Ⅳ . ① G791

中国国家版本馆 CIP 数据核字（2024）第 057731 号

CHAO SHIYONG DE BIJI FANGFA

超实用的笔记方法

编　　著　静　日
出 版 人　宛　霞
责任编辑　郑宏宇
封面设计　冬　凡
幅面尺寸　165 mm × 235 mm
开　　本　16
印　　张　10
字　　数　84 千字
印　　数　1–10 000 册
版　　次　2024 年 4 月第 1 版
印　　次　2024 年 4 月第 1 次印刷

出　　版　吉林科学技术出版社
发　　行　吉林科学技术出版社
地　　址　吉林省长春市福祉大路 5788 号出版大厦 A 座
邮　　编　130118
发行部电话 / 传真　0431–81629529　81629530　81629531
　　　　　　　　　81629532　81629533　81629534
储运部电话　0431–86059116
编辑部电话　0431–81629516
印　　刷　德富泰（唐山）印务有限公司

书　　号　ISBN 978-7-5744-1068-8
定　　价　36.00 元

前　言

做笔记是我们学习过程中必不可少的一个环节，它为我们提供了一个不同于大脑记忆的有形的记忆库房。那么，这个库房里存放的内容是否能在我们需要时被快速找到，被找到的内容能否与我们脑中记忆的内容产生联系呢？

多数人从筹建这座库房开始，都会按照老传统、老样子、老格局来设计、搭建。虽然尊重传统是个好习惯，不过学习本身就是个具有创造性的工作，大脑需要不断地革新、突破，才能举一反三，最终学以致用。既然如此，我们是不是也可以找到更有效的方式来建设记忆库房呢？答案自不必说，而且也不会只有一种！

所以，我们应该在学习的过程中时时想着如何去创新，从而寻找更好、更有效的记笔记方法，而不是只承袭旧习。如果一个人可以经常找到便捷的记笔记方法，那么相信他将来也必会在其工作领域中有所建树。因为他在寻找合适的方法记笔记的过程中已然开始用“时时创新”的思维了，当这种“创新思维”经过如此一步一步积累后，便会成为一个令我们终生难弃的行为习惯。

本书中介绍的“思维导图笔记整理术”就是一种非常有意思的笔记术。无论是笔记的呈现形式还是笔记的记录方式，都与传统笔记有着截然不同的风格。如果你是个愿意尝试、喜欢探索、敢于冒险的人，相信你一定会对这种“思维导图”式的笔记术大为动心。关于它的好，你尽可以去书中发现。这里只想说，创新精神与创新意识真的可以从一本笔记开始！

目　录

第一章　重新发现笔记的神奇力量

第二章　为思维导图做准备

第三章 成为思维导图笔记法的使用达人

第四章　课业越记越上瘾的N条理由

第一章

重新发现笔记的神奇力量

第一节 告别无效的照搬照抄式笔记法

你真的做笔记吗

√ 你是否听到了全班同学的集体抱怨声？

√ 你是不是因为历史老师讲得太快而苦闷？

√ 你是否每次试图重新翻阅笔记时，却发现自己写下的笔记原来是本“文字堆积起来的天书”？

嗯，我们的课业笔记几乎都是——照抄板书、课本的“克隆”版“文字堆”式的笔记。

而你，则是不折不扣的“抄录机”。

看看下页各课业笔记中的行行排列式，是否与你的笔记形神皆似？

语文笔记

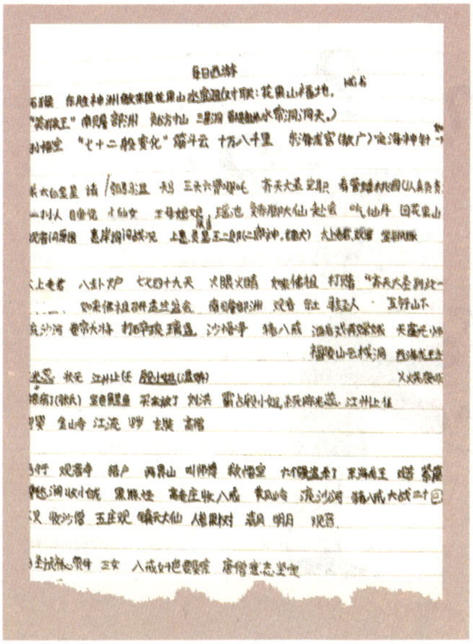

数学笔记

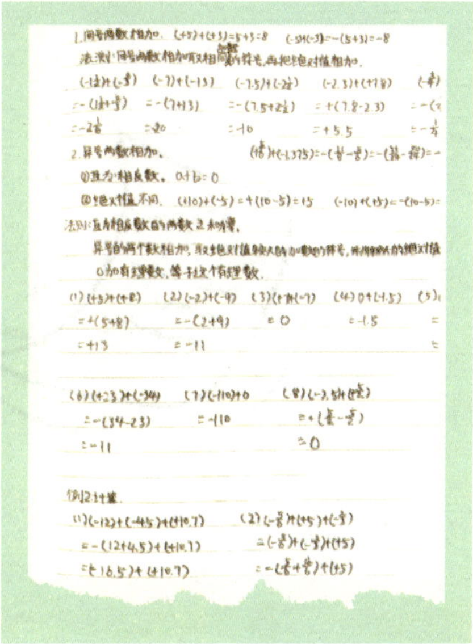

生物笔记

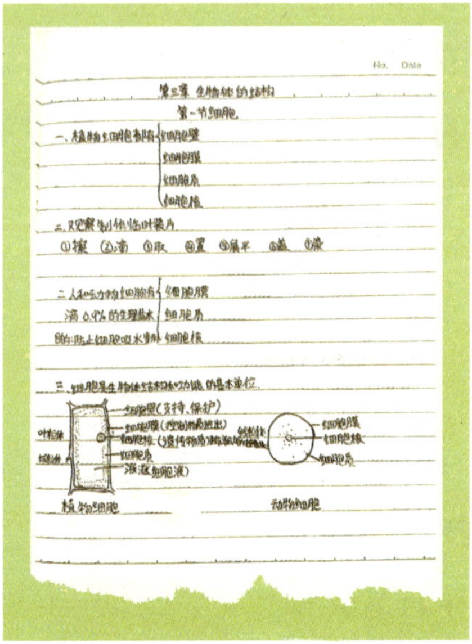

英语笔记

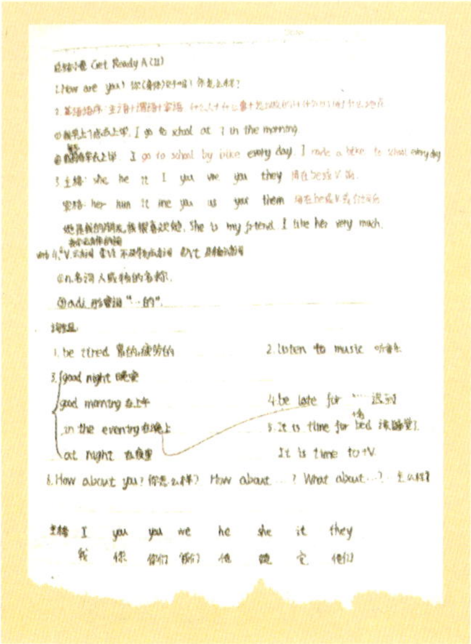

为什么你的笔记很无效

研究表明，“传统的行行排列的笔记形式更倾向于逐字逐句地记录讲课内容，信息并没有经过自我过滤与处理，这对学习有害且是最无效的学习方法！”所以，如果再继续运用这种学习效率不高的笔记方式，你永远都挤不出玩的时间。原因如下。

1. 单调，易疲劳

单一的纯文字书写、固定的行数、没有变化的展现形式、单调的笔迹颜色，每每阅读都仿佛在自我“催眠”，这样的笔记形式说明你的表现力与创新能力还有待提高。

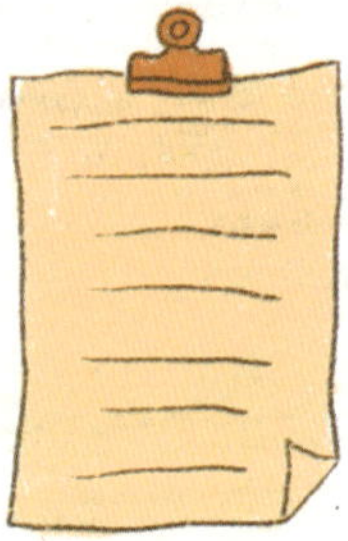

2. 有用信息少

真正有用的关键信息只占“文字堆”的20%，这意味着你必须要读完80%的无用文字才能找到“精华”。

3. 不易修改

满满一页文字，基本没有余地再补充新知识，如果有了新的相关内容，写在哪里呢？多数学生只能被迫将其夹在字里行间，或者把它加在带有星号的页面底部。

4. 不易总结归纳

传统笔记形式无法让人一目了然地获得对整体课业知识的印象。一本书都学完了，你能通过笔记快速总结自己都学了些什么吗？

5. 增加大脑工作量

手写文字不易识别，而边识别边记忆，也会增加大脑的工作量。

传统笔记点评：

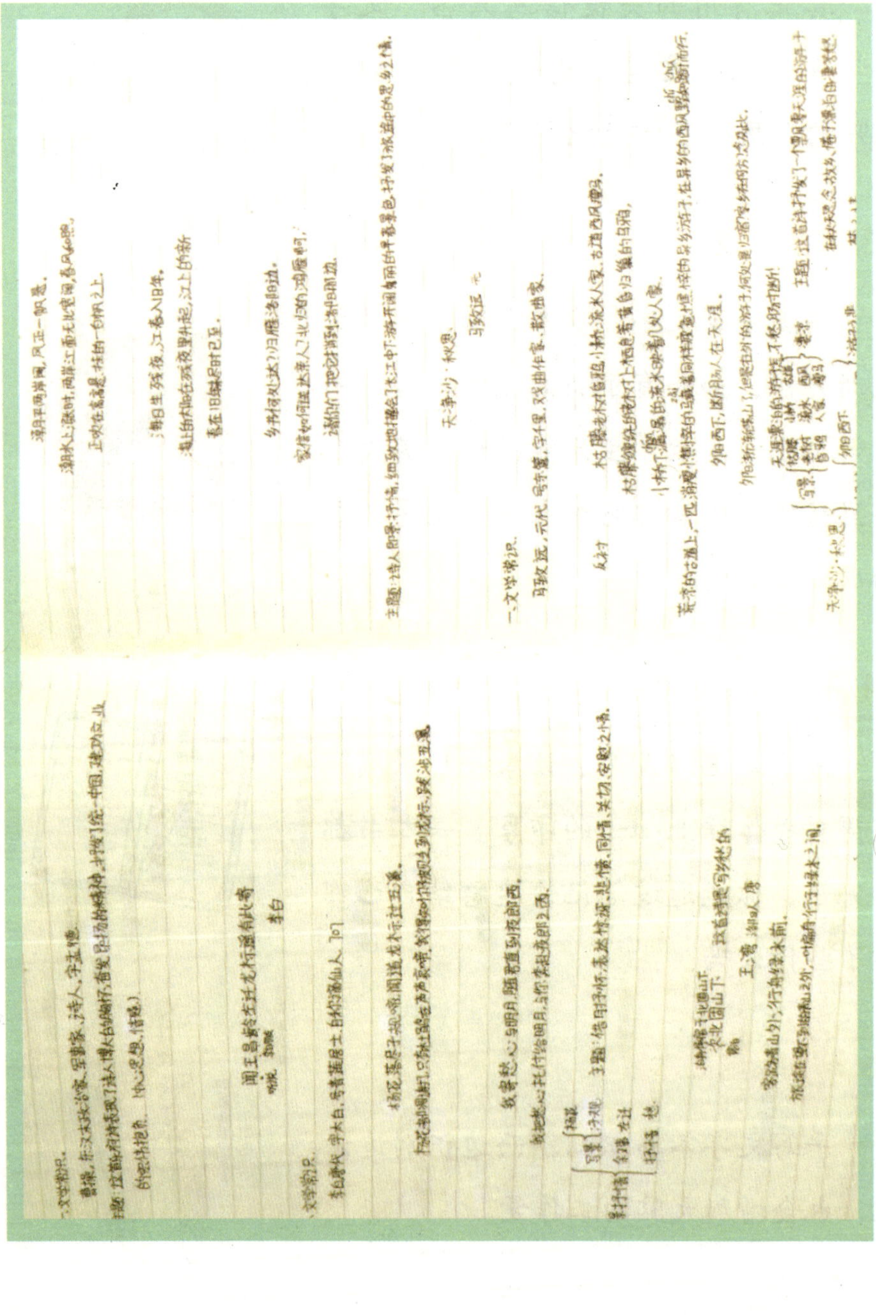

上页图中笔记的三点不足

1. 这个对页中同时放了两节课的内容，需要仔细辨别才能区分出两节课的内容，而且重点与非重点也没有区分。

游戏时间

你能第一时间找到“天净沙”的中心内容吗?

2. 排列紧密，全部页面空间都占满了。

游戏时间

如果想给“天净沙”的作者马致远再补充一些其他内容，写在哪里呢?

3. 笔迹颜色只有一种黑色，不易快速看到重点内容。

第二节 像科学家一样做笔记

科学家们最懂得如何从海量信息中浓缩、归纳最有价值的知识点，也最懂得如何有效利用有限的时间创造出最无限的事情。他们的各种创造力就是从笔记开始的。

科学家达·芬奇的笔记

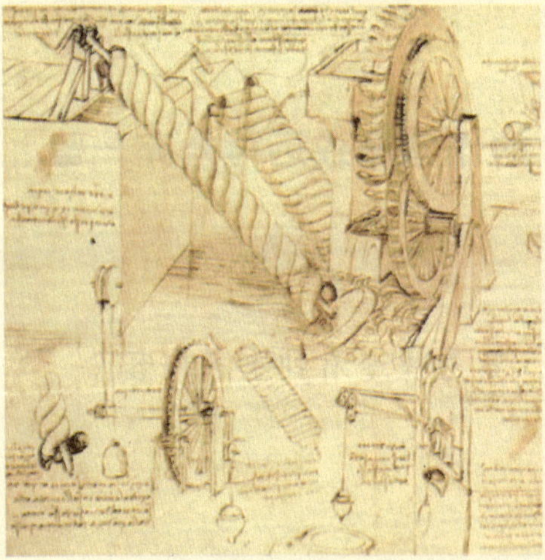

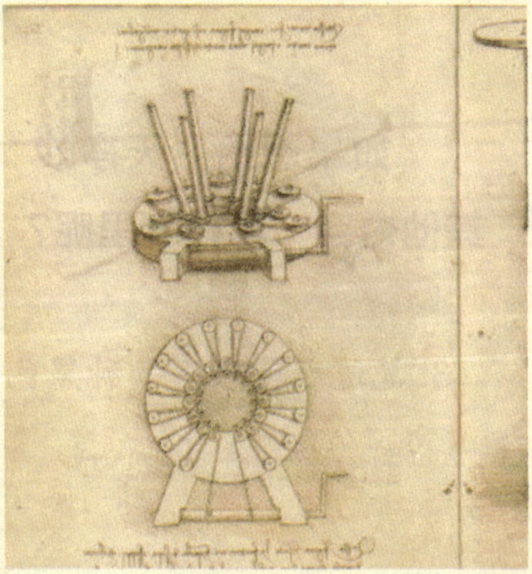

这些笔记都是达·芬奇没来得及整理的笔记，据说整理之后可以使当时的科技发展加快 30 年。达·芬奇记笔记需要去巩固旧知识以及延伸出新的知识，从而使知识体系更加完善、壮大。

物理学家牛顿的笔记

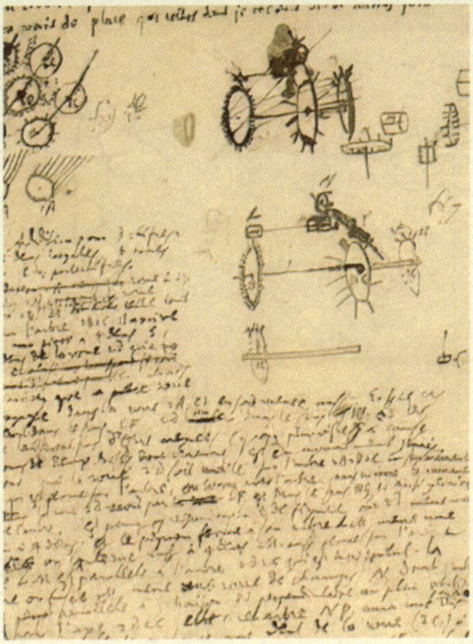

植物学家林奈的笔记

生物学家达尔文的笔记

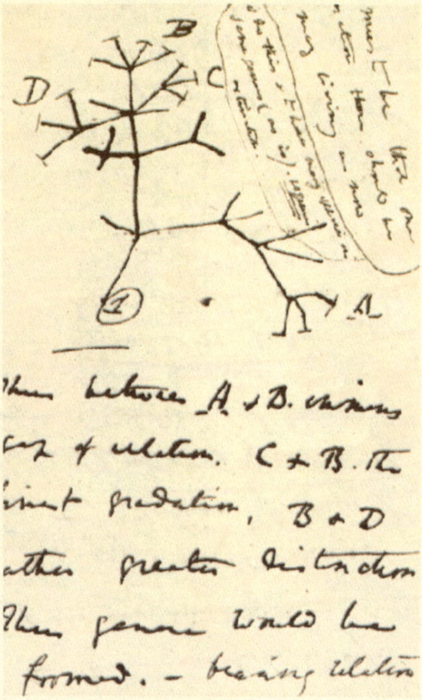

视觉图像穿过我们，就像云彩划过天空一样。

第三节 看得见的记忆大库房

看过科学家们的笔记后，我们发现，即使笔记本上的文字完全不认识，但是通过那些图画，依然能够猜测出笔记的内容，这就是图像的力量——不仅易于识别，更利于理解与记忆。

文字与图画同时描述一个人时，大脑肯定最先记住用图画描述的这个人。请看下面的描述。

★ 大脑处理视觉图形信息的速度比文本快 6 万倍。

★ 教室里的视觉教具能提高高达 400% 的学习效果。（这个你一定深有体会！）

★ 与声音刺激记忆相比，图像记忆的效率要高出 3 ~ 10 倍。

★ 与没有图片的内容相比，带有图片或信息图的内容的浏览量增加了 94%。此外，彩色的视觉效果还会让人们阅读内容的意愿提高 80%。

★ 图像记忆是目前世界上最先进、最有效的记忆方法。

而且，图像如果简约、夸张、有趣、违反常理的话，就更容易印象深刻。比如，你看了电影《爱丽丝梦游仙境》后，一定对红桃皇后过目难忘，因为她的大脑袋造型太独特了！

当信息以图像形式呈现时，特点如下：

- 使你长期记忆变得更好
- 能够更快地传输消息
- 更容易理解
- 更容易触发情感

所以说，如果讲到记忆效果，图像记忆的效果远远好于文字。即使你曾动用过一些记忆技巧，其实也是将其想象成图片或场景才记住的。例如，记忆技能训练中最常用的一个办法——每天将 0 ～ 10 赋予自己准备做的各种事物。

- 0= 鸡蛋
- 1= 墩布
- 2= 出门要带的两件必需品：手机和钥匙
- 3= 今天要去拜访三位老师

……

于是，当你开始回忆 0 ~ 10 上面附加的事物时，就会立刻先想到要去买鸡蛋作为早餐，然后去学校要轮做卫生值日。

瞧，仅通过一个简单的数字，它后缀的一系列场景画面就都呈现在眼前了。因此，图像就如同一把房门钥匙，通过它可以打开你通往记忆库房的大门。

另外，还有一个不好的消息也迫使我们必须增加图像的使用率。

2015 年，美国国家生物技术信息中心 (National Center for Biotechnology Information) 发现了一个令人遗憾的现象——我们的平均注意力持续时间从 2000 年的 12 秒降至 8.5 秒。这比一条金鱼的注意力持续时间还短。所以，在如此短的时间内，想要快速记住些什么，也就只能依靠图像内容了。

麻省理工学院（MIT）脑与认知科学教授玛丽·波特（Mary Potter）与她的同事们还做过一项大脑解读图像的测试，他们发现大脑可以在 13 毫秒内处理完整的图像。这就是前文提到的“大脑处理视觉图形信息的速度比文本快 6 万倍”的证明。

下图可以很好地说明这个事实。

这是一个有着四条等边和四个直角的平面黑体

左图一眼即知那是个黑色正方形，右图需要点儿时间读完文字才能知道是什么。

不仅如此，玛丽·波特还说：“眼睛看到这些信息之后，大脑会立刻进行思考，从而知道下一步该做什么……”

图像的力量虽一目了然，但是在一个完整的笔记中，必须图文兼备！

文字的力量也同样强大！文字能使你成为一个思想深邃、逻辑性更强、更理智的人。它还为联想与再创造提供了广阔空间。

文字是“一千个读者就有一千个哈姆雷特”；

图像则是“一千个读者只有一个哈姆雷特”。

因此，图文结合才能帮你轻松高效地搞定每一科的课业。

小贴士：

一定要保护好视力。视力不好的人，图像记忆能力也会受影响！因为你看不清。

任何人都可以努力训练自己成为一个不错的视觉记忆高手！你可以尝试从下面的游戏开始。

游戏时间

请用 15 秒时间记住下列图片中的物品。

图 1

15 秒计时开始……

（请说出图 1 中的内容）

请用 15 秒时间记住下列图片中的物品。

图 2

15 秒计时开始……

（请说出图 2 中的内容）

请用 15 秒时间记住下列图片中的物品。

图 3

15 秒计时开始……

（请说出图 3 中的内容）

请用 15 秒时间记住下列图片中的物品。

图 4

15 秒计时开始……

（请说出图 4 中的内容）

第四节 用“一张纸”就可解决大问题

生活中当你遇到任何要处理的事情时，最常动用的是什么？大脑，对不对？多数情况下你可能只是将要做的事在脑子里过一遍，当然，我们每个人几乎都如此。但是也有人会记在本子上，这个习惯特别好，有助于理清思路。

但是，如果一句一句将要做的事情全部写出来可不是件容易的事。因为写的时候，你会发现需要补充各种旁枝细节，逐一写下来的话，你可能就失去了做这件事的勇气。

不过，能有一个大致的思路框架总是好的，它能成为你做事的向导。就如同每一位成功的演讲人在演讲之前都会为自己列一个大纲。然后，他根据大纲中的关键词提醒自己接下去要讲什么。承载这个大纲的其实也就只有一张纸。但，它极大地支持了演讲者的整场演讲。

其实，我们生活中的每件事都可以有这样一张纸，它能使我们的生活更顺畅，让我们变得更有能力。

一张纸就可以提升规划能力

我平时总是丢三落四，所以经常会遇到一些需要临时抱佛脚的窘况。尤其是在外出旅行时，由于临行前只根据脑中想到的物品做准备，到了目的地后经常发现自己缺东少西，很不方便。有一次，到了晚上要睡觉时才发现没带睡衣，而且还是夏天，除了外衣没有可替代的衣物，只好临时出去买，但因为无法提前清洗掉新衣服上的化学物质，以致第二天皮肤过敏了。所以从那时起，我开始练习写清单。

第一次写清单时，没什么经验，只是简单地将自己能想到的物品一一列出来。所以，它们最初的样子特别普通。

旅行准备清单

衣服
充电器
食品
药
伞
身份证
护肤品
牙具
拖鞋
外出小包
银行卡
充电宝

列完之后，我整体看了一下，感觉清单列得很杂乱，没个头绪。于是，我将它们归了归类。

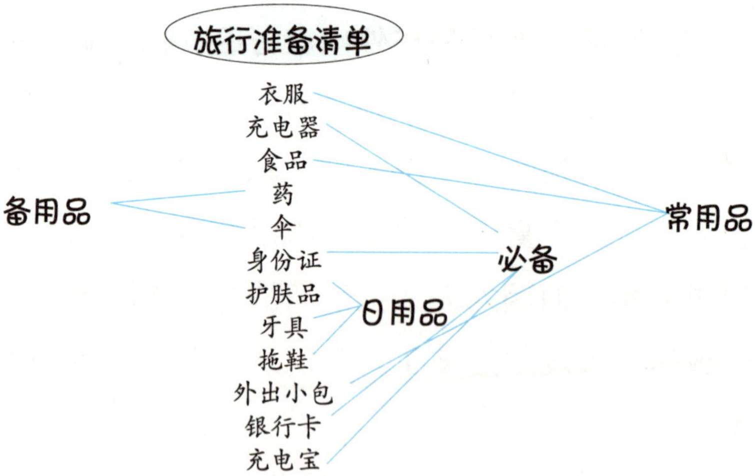

类别确实分了出来，但是页面也由此变得更乱了。于是我重新做了一张清单。

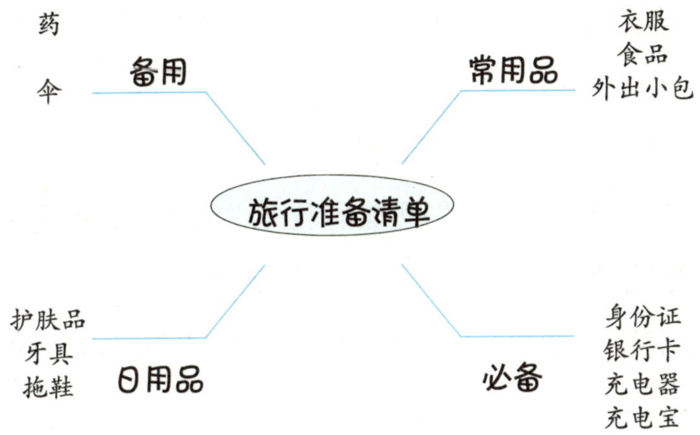

一下子感觉条理清晰了很多。不过，单一颜色感觉很沉闷，一点儿也不能体现我即将要去旅行的好心情，因此又为其添加了一些颜色并画了一些有趣的小插图，虽然画功有限，但只要画出来就觉得很喜欢、很生动。

当清单以这样的画面形式铺展开时，我的旅行一下子变得清晰起来。而且，因为项目错落有致，使我看到了一些以前不曾想到却很有必要带的物品。最终你瞧，通过这一纸旅行清单，我完全可以放心出行。

并且，这些清单在制作时经过了画面的布置与设计，所以闭上眼睛都能数得清楚自己需要些什么。这样做之后一下子就觉得思路特别清晰了，以后做任何事都这样的话，我的规划能力会越来越强大的！

另外，在纸张上布置、写画这些清单时，因为用心地涂色与绘画，这个小小的创作过程也使我烦躁不安的心逐渐平静了下来。

现在你已经看到，我的这张旅行清单图其实就是如今被大家广泛应用的“思维导图”，在我实际用过之后，发现它真的很神奇，可以让复杂的事情变简单，使难以厘清的思路变顺畅，将堆积在一起的知识清清爽爽地呈现。

英国管理学作家托尼·特瑞尔博士对它的总结是：“思维导图可以让复杂的问题变得非常简单，简单到可以在一张纸上画出来，让你一下看到问题的全部。它的另一个巨大优势是随着问题的发展，你可以几乎不费吹灰之力地在原有基础上对问题加以延伸。”

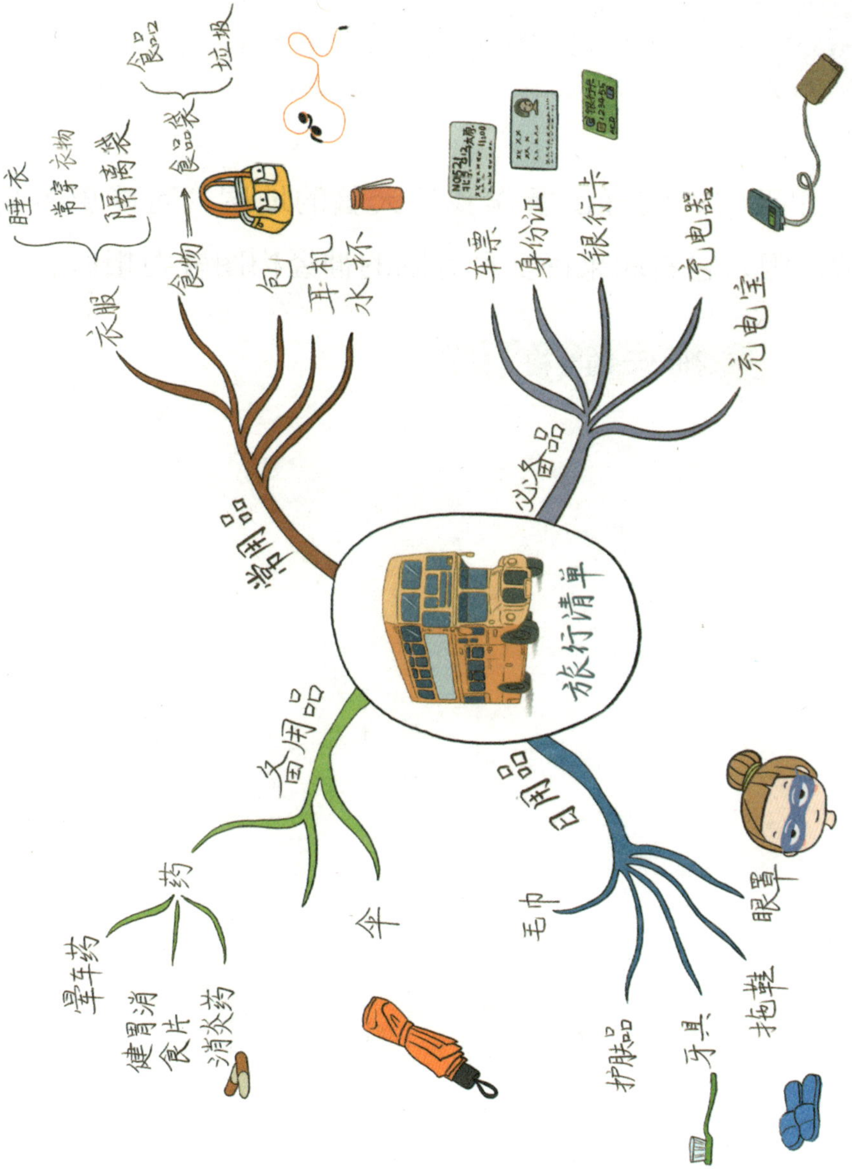
旅行清单
常用品
衣服
睡衣
常穿衣物
隔离衣
食物
食品袋
食品
垃圾
包
耳机
水杯
必备品
车票
身份证
银行卡
充电器
充电宝
日用品
毛巾
护肤品
牙具
拖鞋
眼罩
急用品
药
晕车药
健胃消食片
消炎药
伞

第五节 思维导图到底是个啥

如果将思维导图看作我们大脑的地图，可能更容易理解。因为它看起来确实和大脑的神经构图较为相似。

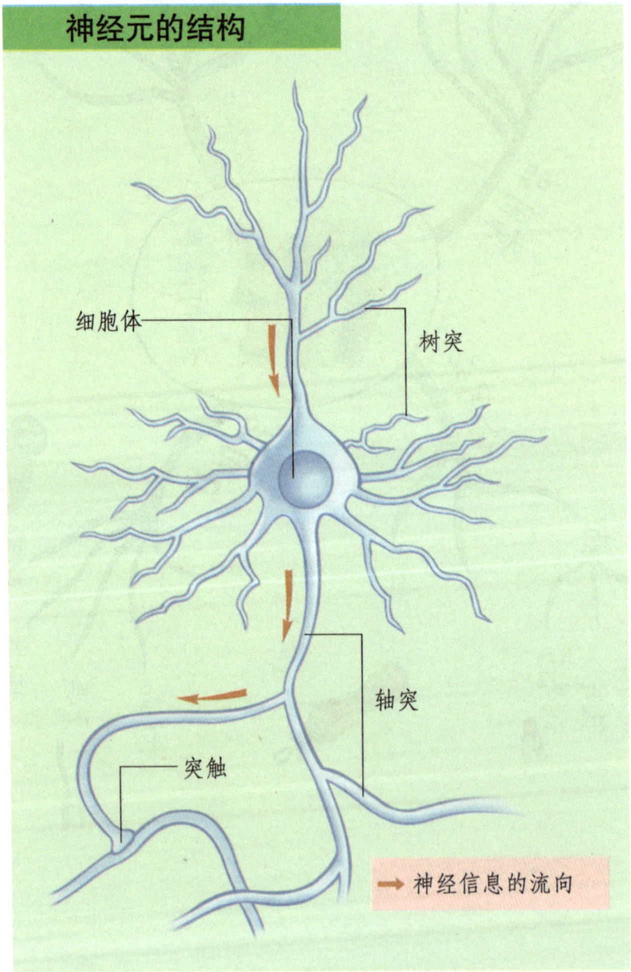

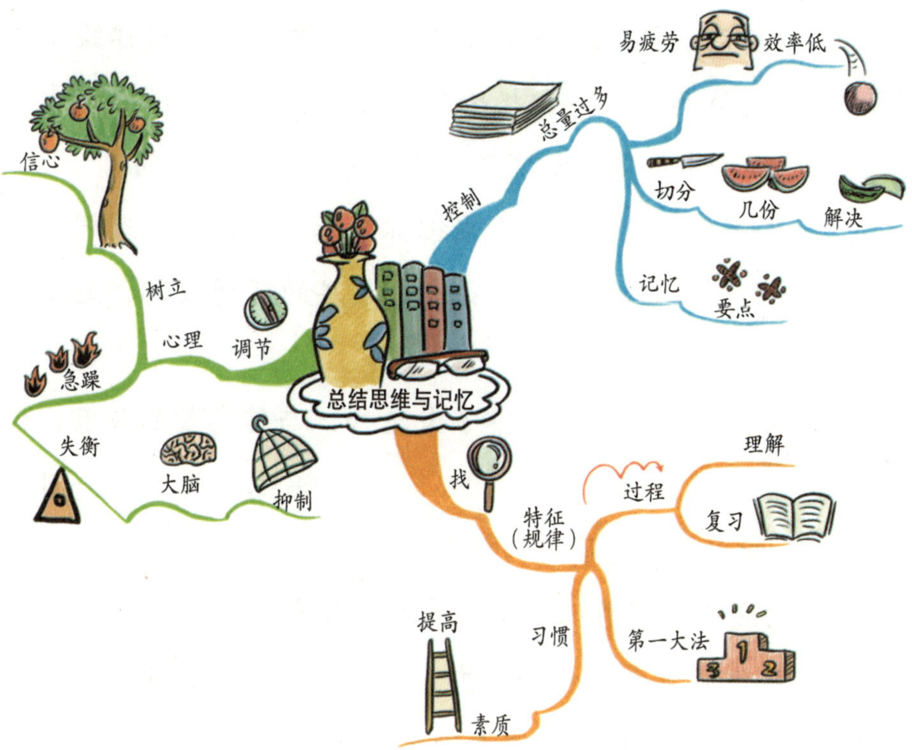

思维导图

这张图主要用来将大脑中的想法和概念以图形的形式呈现出来。它呈现的结构以及呈现的过程更接近于大脑的实际工作方式，也就是会动用组织、分析、理解、综合、记忆以及产生新想法等能力来共同完成一件事。

思维导图有一些很受懒人们喜欢的优点

★ 思维导图不需要你一字不落地抄下老师说的每一句话。相反，它将迫使你必须全神贯注地听完老师所讲的内容，然后再从中总结、提炼，写下你认为重要的信息。当你绘制思维导图时，你的大脑会积极地处理信息，而不是不假思索地抄写。这样一来，你就节省了上课和课后复习的时间。

★ 它通过使用关键词来浓缩你的想法，这些关键词会像多米诺骨牌一样在大脑中引发出一层层的联想波澜，避免了单调的线性思维。

★ 它们如同一个个浓缩了大量知识与信息量的胶囊，使1000个词汇＝一幅图，一本书＝几幅图。简洁且一目了然，使人能以最快速度看到重点。

★ 它能快速提高记忆效果及扩展思维。

★ 让你有机会磨炼创造力。为了让笔记变得更有趣，你会有意无意地让自己变得更有创意。

★ 长期坚持使用思维导图做笔记的话，它会奖励你一个额外的超能力——做事善于抓重点！

看看下面的图片，两张图片提供了相同的信息。但是你认为哪一个更容易记住，复习起来更快？

所以，思维导图为自己做的广告语是：

人类的大脑只能记住5到9个想法而不会忘记它们。一旦超出了这个限度，我们就要开始忘记一些事情——这通常会让人陷入麻烦。

所以，如果有什么办法可以让你从繁重的课业中多挤人脑由三部分组成：脑干、小脑和大脑。

脑干位于头颅的底部，自脊椎延伸而出。大脑这一部分的功能是人类和较低等动物（蜥蜴、鳄鱼）所共有的，所以脑干又被称为爬虫类脑部。脑干被认为是原始的脑，它的主要功能是传递感觉信息，控制某些基本的活动，如呼吸和心跳。

脑干没有任何思维和感觉功能。它能控制其他原始直觉，如人类的地域感。在有人过度接近自己时，我们会感到愤怒、受威胁或不舒服，这些感觉都是脑干发出的。

小脑负责肌肉的整合，并有控制记忆的功能。随着年龄的增长和身体各部分结构的成熟，小脑会逐渐得到训练而提高其生理功能。对于运动，我们并没有达到完全控制的程度，这就是小脑没有得到锻炼的结果。你可以自己测试一下：在不活动其他手指的情况下，试着弯曲小拇指以接触手掌，这种结果是很难达到的，而灵活的大拇指却能十分轻松地完成这个动作。

大脑是人类记忆、情感与思维的中心，由两个半球组成，表面覆盖着 2.5 ~ 3 毫米厚的大脑皮层。如果没有这个大脑皮层，我们只能处于一种植物状态。

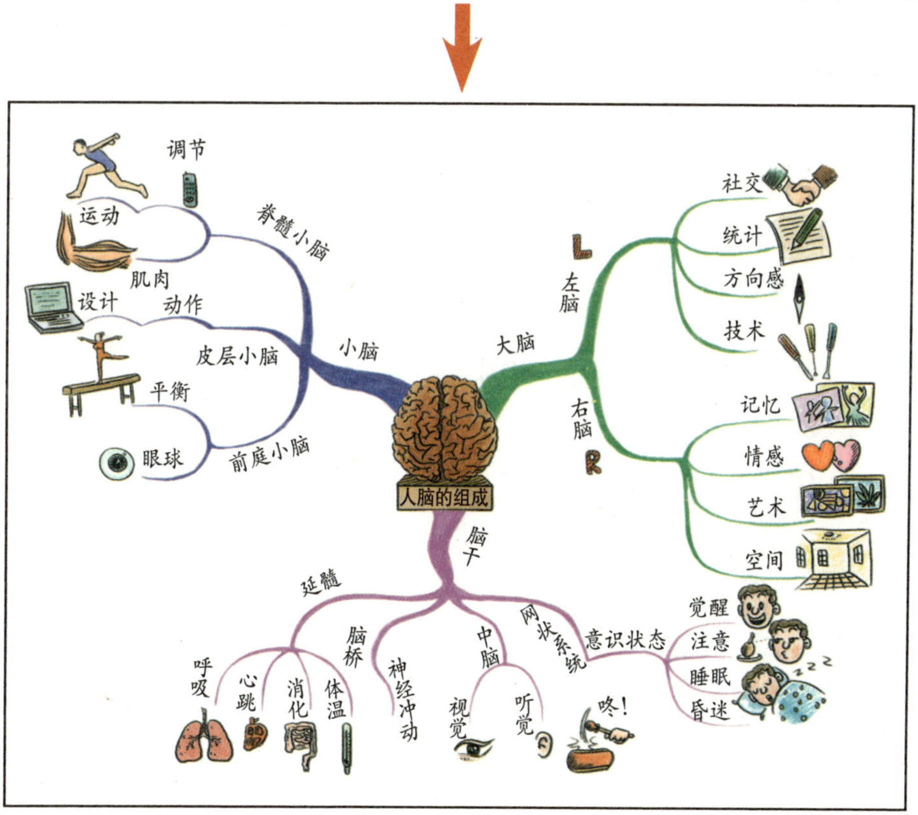

出一点儿休闲时间，比如一个月的课业量只用一周就能学完；半年才能完成的课程只需一个月就可以搞定！那一定就是——思维导图式笔记！

关于水的知识点，利用下面的思维导图，是不是就很容易记忆了。

根据 2000 年国家阅读小组(NRP)的研究，视觉组织的使用是提高学生记忆力的 7 个最有效的方法之一。思维导图是将理想和概念形象化的最佳方法之一，它能帮助学生提高思维、记忆和学习能力。

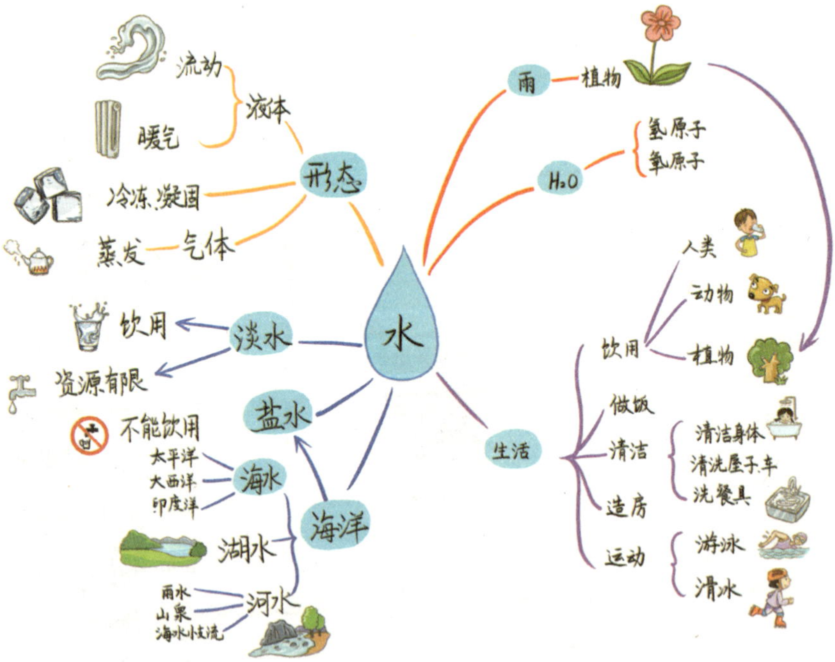

第六节 思维导图让你有机会发现更广阔的世界

通常，我们的思维习惯是以一条线向前延伸的形式去推想事情的，但这只是一种思维方式。

有很多时候，我们常常会感叹有些人想法非同一般，比如马云，当别人都在线下开商店时，他就想着，为什么不利用互联网进行商品交易呢？于是，他建立了淘宝网。

这就是跳出了线性思维最好的例子之一。

但是，我们如何让自己摆脱线性思维的束缚呢？我觉得你完全可以从创建思维导图笔记开始锻炼自己。

要知道，我们阅读和思考的速度是飞速的，当我们在阅读中产生了某个想法时，要想用文字将其完整地记录下来，基本是徒劳的。

当灵感来临时，你需要一种快速而全面地捕捉想法的方法。

而思维导图正是一个帮你捕捉想法与灵感，并将其以视觉形式带入生活的好工具。所以，从另一个角度讲，除了记笔记，思维导图还能帮助你变得更有创造力，因为它能够令几个看似不相关的点产生联系，并由此引出一种新的想法。

比如，我在阅读有关季节与水果的文章时，为了能直观地看到每个季节的主要水果，我决定画一张简单的季节性水果的呈现图。

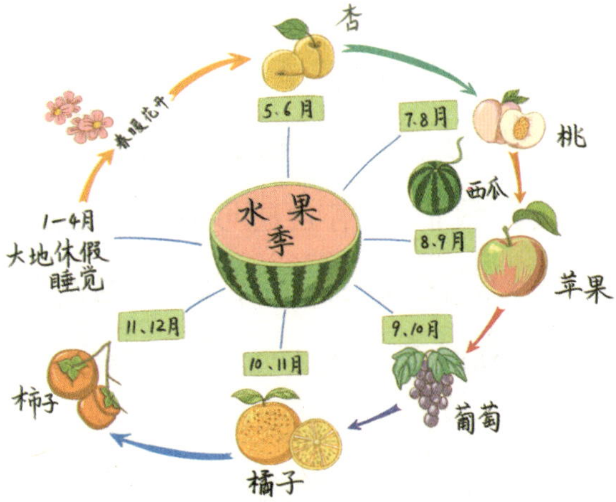

但是，看到图中春天开出小花时，我忽然想到水果花都是需要蜜蜂传粉之后才能结果，于是我又画了只小蜜蜂。

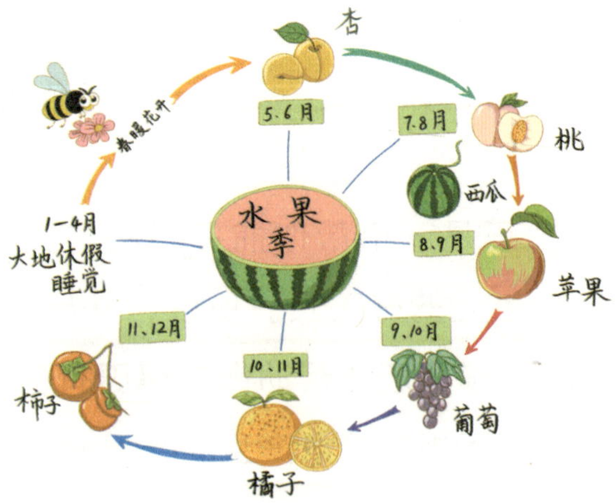

可是，当我再次审视这幅水果图时，突然想到，“如果没有了蜜蜂”会怎样？因为以前看过一篇文章说现在的蜜蜂的数量正在逐年减少，顿时发现，如果世界上没有了蜜蜂，我们人类很可能会饿肚子，这就涉及了环境保护的大问题！

自然规律中如果没有了蜜蜂会怎么样？

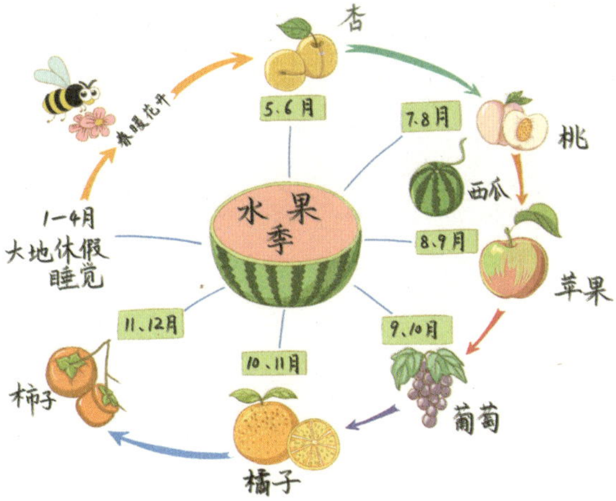

瞧！通过绘制导图，我从一开始的水果跳转到了蜜蜂，又从蜜蜂跨到了环境保护，并就此想要找找蜜蜂减少的原因，以及如何改善，这就是创造力开始发挥作用的时候了。

每个人在某个时刻都会突然跳出一个想法，如果通过思维导图将其一一记录并且调用多边知识储备，你就能很快建立与现有思想相关联的新链接，这样也可以确保你整理出更现实、更可行的想法，比如我就准备找一找蜜蜂减少的原因，而这也是切合实际的一步。

所以，思维导图能够帮助我们增强辐射思维，并确保我们将不同的想法结合在一起，以提出一个非常独特，也便于实施的想法。

第七节 如果将思维导图应用在生活中会怎样

尽管我们还是学生，但是也早已走上了生活的快车道。每天除了学习之外，留给你的休闲时间一点都不比大人们多。

但是，如果我们能够掌握一种简单的解决方案，就完全可以为自己赢得更多的闲暇时光——这就是思维导图。它真的可以帮助缺少时间的人停下匆忙的脚步，好好享受除了吃饭、睡觉、学习之外的另一部分美好生活。

所以，如果你真正懂得了思维导图的好处，你就能够知道，养成绘制思维导图的习惯，不仅可以用它来启发

你的大创意或者是帮你理清一个科学概念，更能够帮助你提高生活质量。因为，它可以为你提供以下帮助。

1. 用思维导图管理每一天

时间无价！思维导图的最大作用就是能够帮助我们将时间有效地分配好。会利用时间的孩子未来一定会是个成功者！因为其中包含着超强的规划能力和雷厉风行的执行力！

所以，从现在开始，尝试着将一天中需要做的所有重要事情，都有序地用一张纸、用图表和简洁的文字呈现出来并养成习惯吧。你会发现自己正在慢慢成为时间管理的受益者。记住，对于那些紧急任务，你可以添加特殊符号以警示自己哦。

2. 使用思维导图快速计划活动

为了使你的生活更加丰富多彩，你可以借助思维导图令这些活动更加顺利。比如，你可以将休息日的所有活动都写成思维导图，积少成多，它们会成为你日后的假期生活的活动宝盒；玩电脑思维导图，你可以将准备在电脑上都做什么简要地写下来；而山野一日游的思维导图，可以让这次山野活动成为你一生中最美好的一天；在与伙伴游戏时光的思维导图中，可以将你们最喜欢的各种游戏都罗列进去，每到休息日来临时，你就可以从你的假日思维导图宝盒里，抽出其中一张……

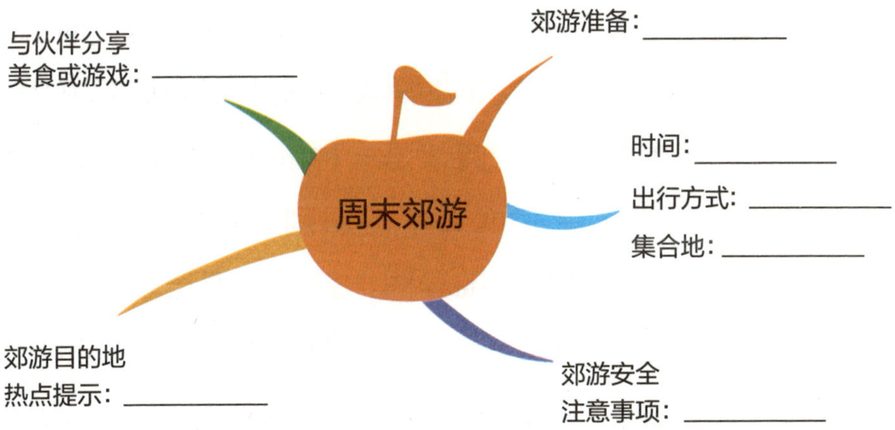

3. 看过的书不用再次重复

喜欢看书的人，都会遇到一个令人头疼的问题——看过的书，经不起时间的清洗！过一段时间，你就会非常沮丧地发现，之前费力读完的一整本书，其内容已被遗忘殆尽，只好再重新读一遍。这是费时费力的无效阅读。

但是，如果能为每一本书都绘制阅读思维导图，那么一张一张图汇集成册后，不仅阅读成就感倍增，而且只需要翻阅这几张有图有文字的导图就能立刻回忆起书中的精华内容。更重要的是，阅读是一种静态的脑思维，大脑的任务简单，只需要完成文字的识别、理解与联想。但是，如果边阅读边绘制思维导图，就能在阅读理解的基础上多一层你自己对书籍的判断与分析。也就是说你参与了作者的写作过程，并且提出了自己的想法与意见。所以，为每一本正在阅读的书籍绘制思维导图，你不仅能避免重复阅读的麻烦，更重要的是能让其真正地成为你知识体系中的一部分。

4. 集思广益的头脑风暴

和小伙伴们一起准备完成某项任务时，每个人的想法都很重要。可是，如何将这些建议统一在一起，并和谐地发挥作用呢？这也是生活中我们经常会遇到的问题——主意太多，却又“七零八落”，最终不知听谁的而使计划无法顺利推行。

比如大家准备为班级建设一个蔬菜种植园时，聚在一起开个头脑风暴会议是必要的。但是，如果能一边讨论一边绘制成思维导图，你们会看到有些想法是重复的，或具有潜在的相互关系。一番归类后，每个人的主意就都能被用上！因为它既能让你们释放灵感，又可以将大家的主意合理地安置好。

另外，提前准备好一个固定的思维导图格式也很重要。固定的格式可以帮助你们控制会议的时间，因为集体讨论是开放性的，如果讨论的界限不明确，就容易偏离主题。有很多研究表明，我们用来写下建议思想的格式直接影响着会议的质量。

所以，下次再有类似小组讨论会时，你们

会议纪要

会发现，一边画图，一边商量问题是件特别有趣的事，每个人也都能清晰地看到那上面都罗列了哪些问题，那么，就可以更快地更新自己的思路。这样也就避免了因为意见不统一而争吵不休的闹哄哄场面了。

5. 精彩的演讲

一份研究报告得出的结论是：“在演讲过程中，有视觉辅助的说服力比无辅助的说服力高 43%。”因为人们更倾向于“眼见为实”！思维导图非常适合用来做演示，因为它们提供了井井有条的流程，让人一目了然。而且，还可以使观众的注意力保持得更长久一些。因为你的导图像极了地图，观者会不由自主地去分析“每条路”都通往哪里，那里会有怎样的内容。这个引导其思索的过程，将使他们对你的演讲内容记忆深刻。

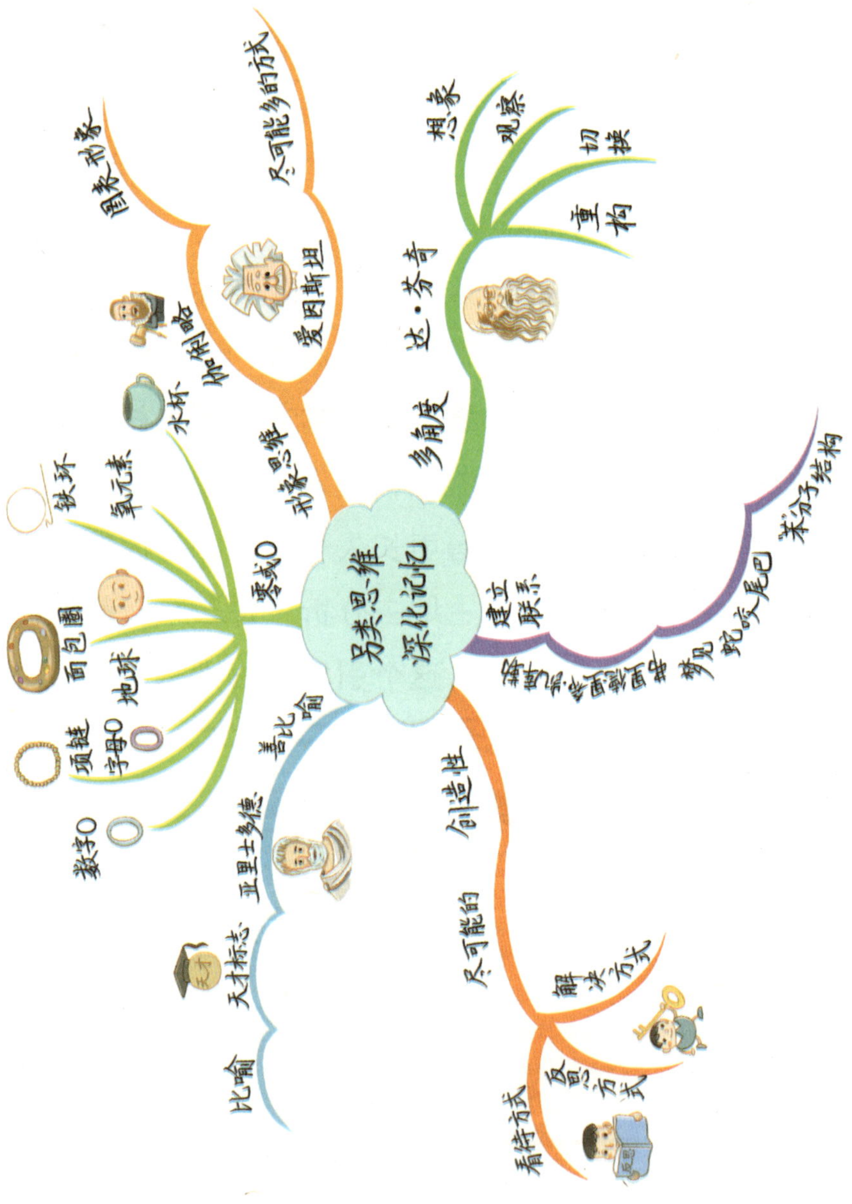
另类思维 深化记忆
零或O
铁环
氧元素
水杯
面包圈
地球
项链
字母O
数字O
形象思维
伽俐略
爱因斯坦
图表形象
尽可能多的方式
多角度
达·芬奇
想象
观察
切换
重构
建立联系
梦见蛇咬尾巴
苯分子结构
创造性
尽可能的
解决方式
反思方式
看待方式
善比喻
亚里士多德
天才标志
比喻

第二章

为思维导图做准备

第一节 选择非同寻常的笔记本

思维导图的作用如此强大，以至于它对笔记本的要求也显得与一般笔记不同。它那简洁的个性使它的偏好也很特别。

空白的 A4 或更大一些的本子

思维导图也是一种图画，所以它也希望自己能像其他画幅一样拥有没有线条干扰、能够突出自身的空白页面，它需要这种衬托感。

而大幅面的本子当然还能使创作它的人更有发挥的空间，因为只要你的小宇宙的爆发力足够强，你笔下的思维导图也会跟着不停地生长！

更实用的一点是，如果将一个问题记录在两页纸上，那么当你翻页时，大脑会自动将其分为两部分。所以，宽敞的大本子不管是记录抑或阅读，效果都会更好些。

一定是你最喜欢的本子

一个自己喜欢的笔记本，可以调动起你对学习的喜爱之情与积极性。毕竟，你最伟大的作品很有可能就在这个本子里！

一个自己喜欢的笔记本，会让你每次打开时都有一种仪式感，觉得既新奇又享受——这就是你为自己营造出来的舒适的学习小环境。

一个自己喜欢的笔记本，会让你如同身处一间整洁漂亮的房子里，并由此刻意收敛起自己随意乱扔东西的坏习惯，谁会忍心用杂乱破坏漂亮的房间呢。

相反地，如果你用随便的心态选择笔记本，其实也暗示出你的学习积极性不高。带着这样的心理去学习，课业笔记也容易潦草而随意。比如下面这几个本子，有很沉闷的感觉，不禁让人觉得拥有它的人也是个毫无特色的人。

与横格纸告别吧

横格纸有一种让人必须写出完整句子的心理暗示能力，但是它也会用尽心机地利用它的多线条尽量破坏思维导图那喜欢整洁、清晰的好习惯。

第二节 妙用活页夹，笔记更简单

活页夹最大的优点就是“灵活”

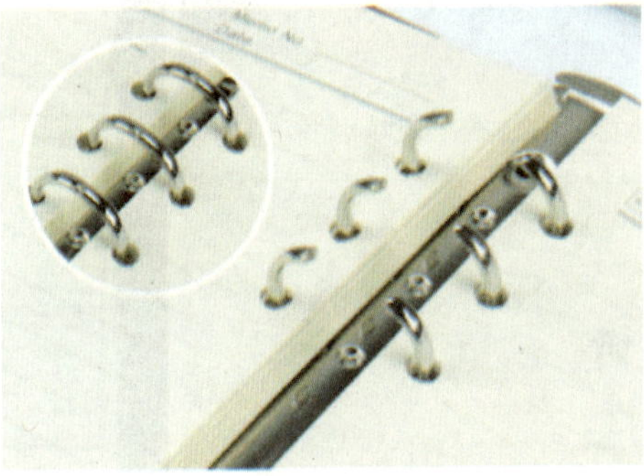

★ 因为灵活，它能够将所有的课程笔记收集成一册（你也可以准备两三个活页夹，将上、下午的课程分开），这样也免去了上学时忘带某学科笔记本的麻烦。

不过，因为一个活页夹内同时放置了好几个科目的笔记，所以，在每个文件夹的前面做一个小的目录，把每个科目用不同颜色的彩纸或标签贴分隔开等办法都是很有用的。

★ 因为灵活，它能够让笔记自由地得到修改，随时调整、替换，因为一次性做出完美笔记是不存在的。

★ 因为灵活，它能够随时在某一页笔记的基础上增加新内容。

★ 因为灵活，它能够随意拆卸、更换、组合各色纸张，满足你的 DIY 喜好。

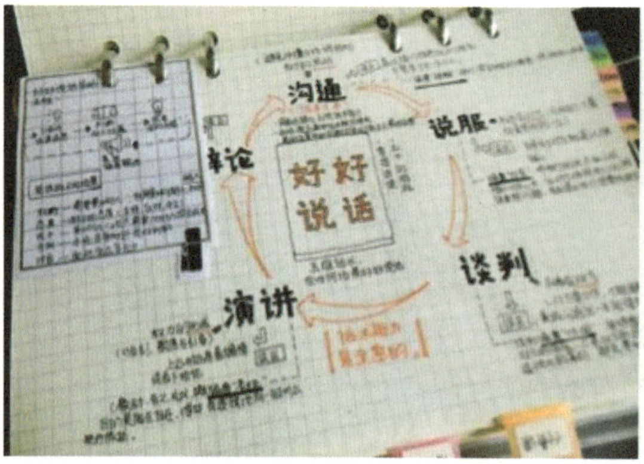

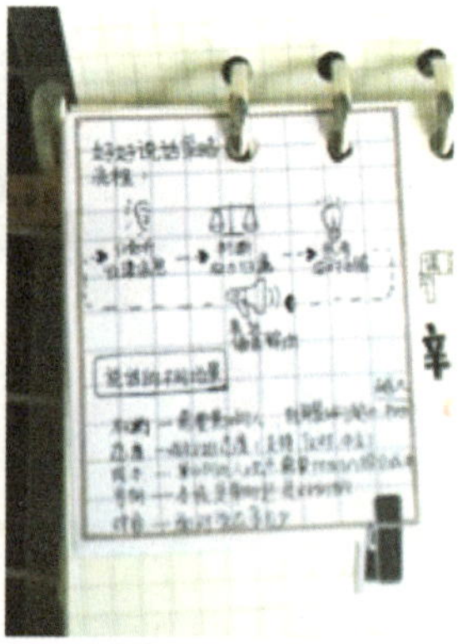

★ 因为灵活，它能够使你随时将某页笔记拿下来，临时放在醒目的地方便于你记背。

另外，再推荐几个小贴士给你，也是非常有用的哦！

小贴士：

1. 大、小本子都要有

选择一些大到可以容纳你的课业、写作和草图，小到可以藏起来的本子。大本子是你思想的大本营，而小本子则是一个移动的想法收集小库房。

2. 本子的外壳也有用

这一点尤其针对小本子，当你外出时，你可能只能站着写，这就需要笔记本有一个可支撑的硬壳。

3. 拥有自己的专属封面

建议你选择一个能够自行替换封面的活页夹来创建自己的专属封面，这样你的活页夹将会独一无二，如在封面上写句励志名言、贴张愿景图片等。

4. 置办一个简便工具袋

由于思维导图笔记会涉及一些工具，诸如：彩笔、马克笔、便签贴等，为了记笔记时一应俱全，建议你在活页夹中再夹带一个小工具袋，如右图。你可以用它来保存笔、便利贴和一个小计算器等。

第三节 随时记下你的灵感火花

作家达蒙·奈特(Damon Knight)也曾写道:“随身携带一个笔记本，这样你就可以记下那些随时出现的想法。”

几个世纪以来，随身携带笔记本一直是学习及创作过程中必不可少的一部分。路德维希·凡·贝多芬(Ludwig van Beethoven)无论走到哪里都会带个小本子，以备他那随时出现的灵感有地方盛放。马克·吐温的随身小本子里记录着他的观察以及阅读得来的种种想法。

所以，当灵感来临时，身边必须得有个笔记本。这是保证笔记大本营能够不断丰满的必要之举。当然，这可能已在你身上多次发生。当你正在户外时，突然想到一个关于课业的新想法或某个好点子，有一个可以“随时拿出来”记上几笔的本子是多么有必要。要知道，短期记忆只能在大脑中保留三分钟，如果没能及时记下来，这个新想法就可能永远消失。

所以，一个小到可以很容易放进衣服口袋里的笔记本是非常实用的，它可以成为你大笔记中的一个个小补丁。小补丁越来越多时，你会越来越有成就感。

当然，你也可以使用智能手机上的笔记应用，但是相信我，手机的拼音记录方式及速度会干扰你的思维连续性。不过，你可以更有创意地使用语音记录来捕捉你的想法。

第四节 笔记们最喜欢的颜色

也许并不是每个人都能娴熟地画几笔，但对颜色的使用却是一点挑战都没有的。所以，如果你能为笔记们添上漂亮的颜色，你的笔记依然可以很出彩，如同被赋予了生命力一般。比如下面这张导图，只是简单地用不同颜色将笔记按类别区分，但是整体看来不仅分区清晰，而且更漂亮是不是？

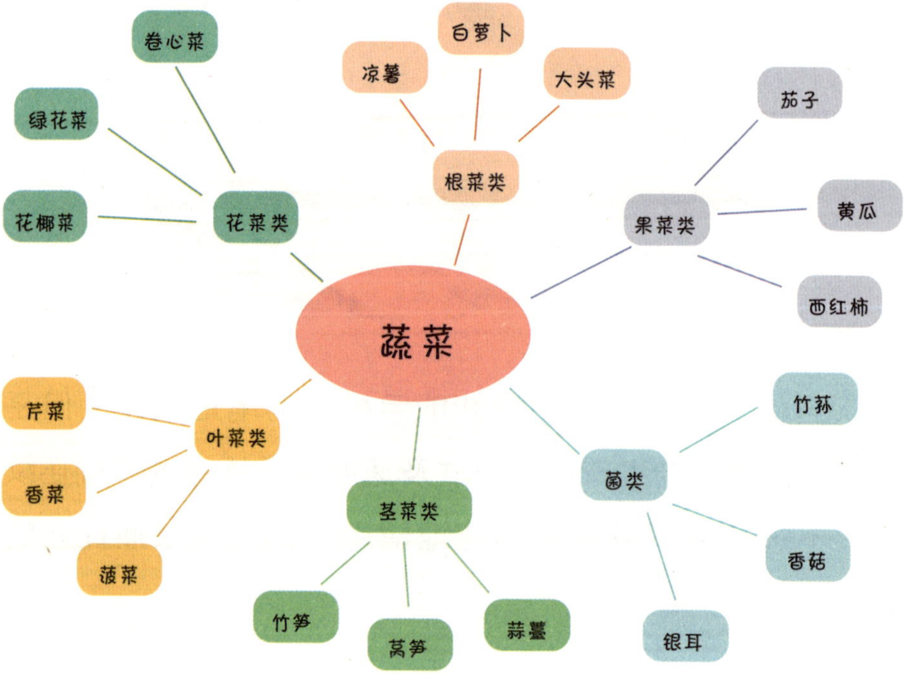

颜色们的语言与表达

明亮的颜色会吸引人的注意力，对视觉学习者尤其有刺激作用。而且，色彩不仅仅只是引人注目，你赋予每一种色调的意义也是一种思维上的速记，给你标记的材料提供背景，可以帮助你更有效地处理它。另外，用不同颜色标记笔记也能够突出重要信息，帮助你有条理地组织材料，让学习时间更有效率。

从下面的示例图中你可以发现它们的独特之处就在于使用的是彩色的纸张。谁也没有规定笔记本就必须是全白色。而且，如果你使用的是活页本，那么何不在其中夹一些彩色纸张用以记录你觉得更重要的笔记呢？不仅视觉效果突出，而且日后你也可以直接根据颜色快速找到它们。因为你会深深记得，某某内容是记录在一张橙色的纸上。

第五节 Get 几个笔记着色小技巧

技巧 1 尝试蓝色笔迹

为什么一定要让笔记本上一片黑暗呢？虽然黑色字体更易识别，但是，也许你可以尝试一下蓝色，蓝色从视觉上比黑色更轻盈干净，让字迹显得明快，而且蓝色也易让人归于平静。

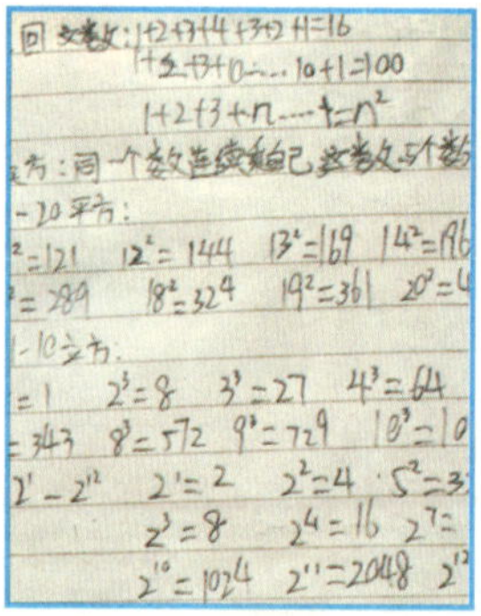

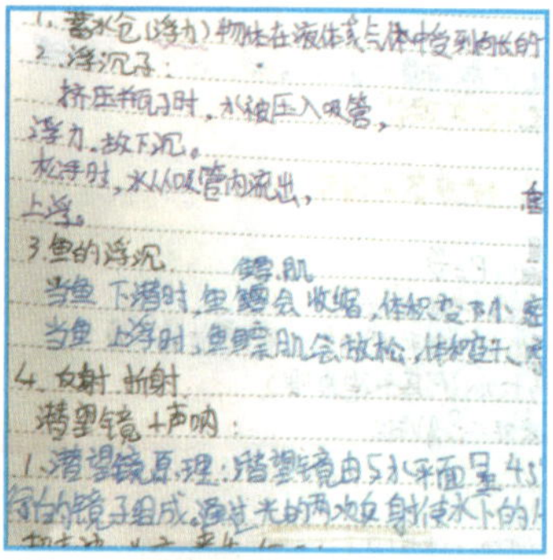

英国一位大学教授通过一项颜色刺激大脑活跃度的实验发现，蓝色能够更好地激发人的创造能力，促使人们产生一个又一个“好点子”；而红色则可以让我们的准确度更高，更适于决断性的内容。总之，不同颜色有着不一样的心理影响。所以，给你的笔记加些颜色，可以帮助你更有效地组织信息，提高学习效果。

技巧 2 给笔记着色，而不是直接用颜色笔记录

记笔记时如果频繁更换用笔会分散注意力，打断思考连续性。所以，可以只用一种颜色笔做笔记。然后在听课或阅读间隙，用彩笔将重点部分标记出来，这样也可以进行同步复习。

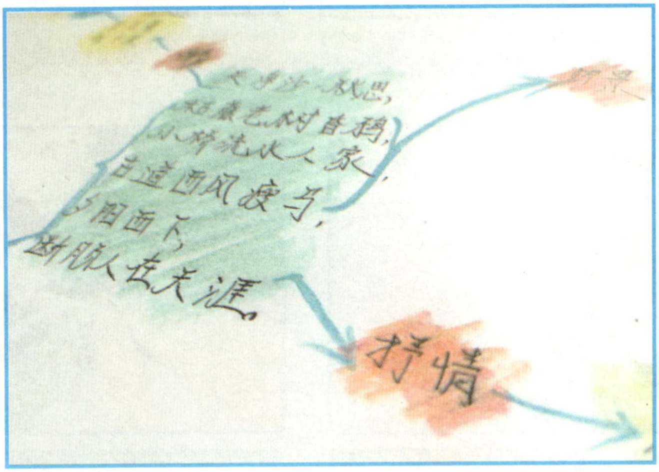

技巧 3 选择正确的彩色笔

被大家选择最多的涂色笔一般有3种：马克笔、水彩笔、彩色铅笔。

你可以使用它们来给文字涂色、圈出重要的点、框出信息，或者在注释的各个部分之间创建边框。

小贴士：

要避免使用渗透力太强的彩色笔，因为它会穿透纸页跑到背面，使整张纸看起来脏兮兮的。

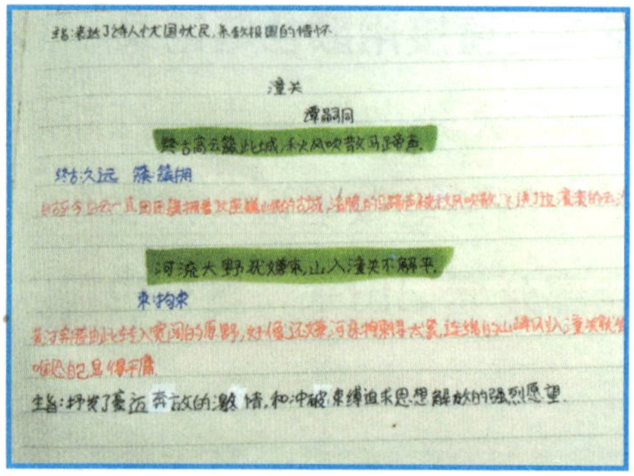

正常效果

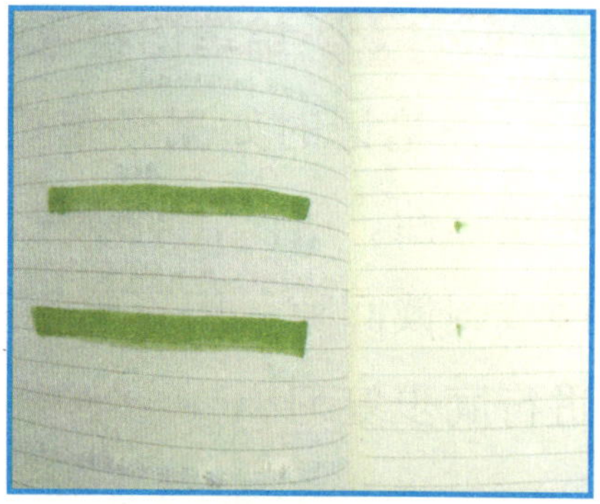

透出效果

马克笔

彩色铅笔

技巧 4 始终如一

每种颜色都应该有指定的用途。所以，在记笔记时要始终使用相同颜色表示相同信息类别，这样可以避免信息层次的混淆。

比如一旦规定好红色代表主要思想，绿色代表行动项目，蓝色代表事例和数字，那就一如既往地用下去。当你翻阅所有笔记时，颜色将指引你迅速找到自己需要的

信息。

当然，为了理解并记住不同颜色标注的含义，你可能需要在笔记本的第一页给颜色们做个注解，这样即使你过了很久再翻开本子看笔记，也依然能够立刻明白各种颜色的标记等级。

技巧5 限制你的调色板

3种颜色就可以，颜色太多容易有混乱感。限量使用颜色是为了突出重点，而不是让它变成霓虹灯。

而且，五颜六色的笔记还说明了你的能力问题——分不清楚重点，弄不明白什么内容才应该突出强调。

另外，颜色要以高亮色为宜，可以使重点内容脱颖而出，比如浅黄色、浅蓝色等。

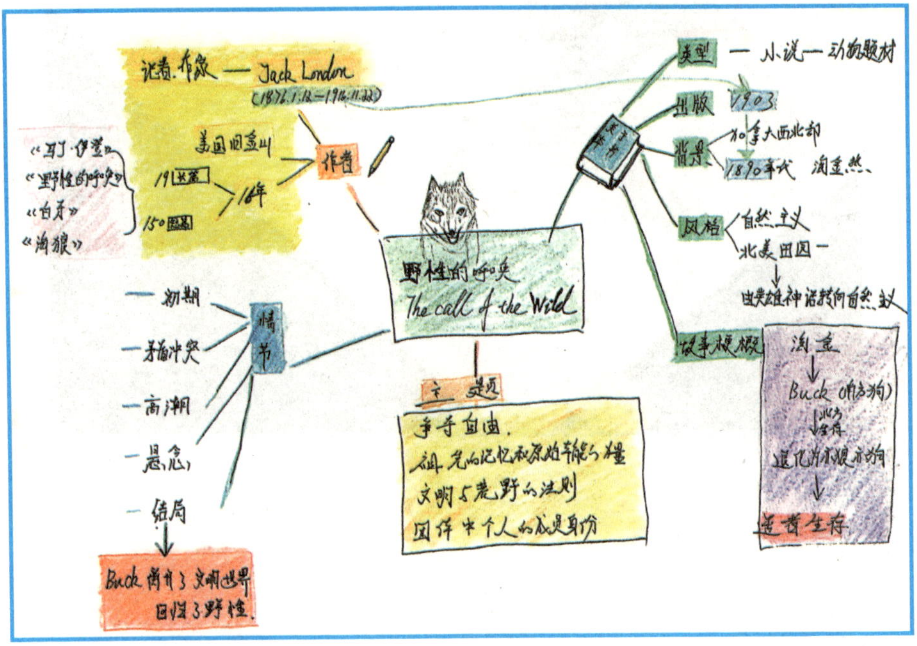

技巧 6 明智地使用颜色

即使是限量使用颜色，那也应该限量进行标注。只需要在最关键的信息上涂颜色即可。过多的颜色标注会分散注意力，导致信息超载。如果大部分的内容都是有颜色的，那就没有什么是重要内容了。

记住，颜色标注的目的是集中你的注意力，使你的笔记更清晰，更容易浏览。

把颜色编码想象成路标：如果有太多的路标，你就会受到太多信息的狂轰滥炸，甚至会迷路。

通过记录下那些给你深刻印象的信息，你就可以把它们从那些不断涌入你脑海的印象中分离出来，也许还可以把它们固定在你的记忆中。我们所有人都曾有过一些好主意或生动的感觉，我们以为总有一天会有用，但由于我们太懒了，没有把它们写下来，这些想法或感觉就完全从我们的脑海中消失了。

第六节 发挥便利贴在笔记思维导图中的大作用

便利贴有各种各样的颜色可供选择，这些自粘的纸条可以用来给你现有的笔记添加额外的注释。

利用便利贴的好处：

1 预演

上文说过，“一次性做出完美笔记是不存在的”。所以，在做笔记前，我们可以先做一个大致规划，比如准备写哪些内容，由几个关键点构成，等等。将其一一写在便利贴上，然后按照你构思的思维导图的样子先贴在空白页面上观察一下，你一定会有所补充与调整。等到你完全安排好了你的这些便利贴之后，就可以按照它的形状与内容实实在在地落笔了。所以，它的好处显而易见，可以避免你反复撕纸反复重写。

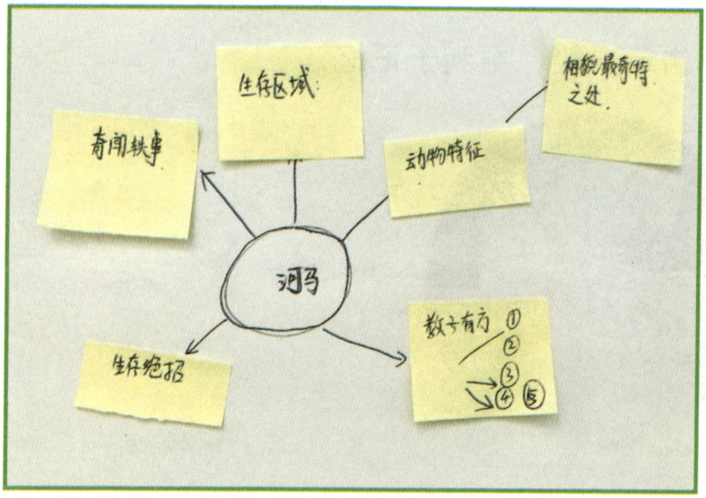

2 补充

每个知识点都不是一成不变的，随后几天你可能会从别处看到一些更有用的内容。于是，抄在便利贴上，然后再贴到相应位置，因为是醒目地存在着，便如同一个显眼的小告示一般，更利于记忆。

3 精练

小小的空间能够迫使你必须学会用简洁的话语来表述出你的论点、策略或计划的精髓。经过一段时间之后，你可能就变成了一个惜字如金的人。

第七节 人人都能成为“涂鸦艺术家”

关于你能否在自己的笔记本上展现出一个合格“涂鸦艺术家”应有的水准，我觉得你实在是多虑了。

1. 画画的目的是什么

你必须清楚笔记中的图画只是为了让人印象更加深刻，更容易记忆。所以，不用纠结画得如何。它毕竟不会挂上墙去任人评说，它只属于你一个人，你能对它记忆深刻就可以了。

另外，画作是否具有艺术性也并不以像不像为标准。绘画艺术是个特别玄妙的事，只要能体现出你个人的想法就是好画作！

2. 不要给自己贴标签

如果你一直认为自己不会画画，那你可就真的什么也画不出来了。这是一种心理暗示。它常常发生在你试图画一些东西，而手中的笔却开始“出错”的时候。你可能会说“这看起来不像一艘船，还是放弃吧”。经过几次这样的自我否定之后，你的画功基本就是零分。

3. 人人都是艺术家

其实，涂鸦是艺术创作中最容易实现的事。只需要选择一个你喜欢的内容，比如花或小动物。不过，从书本上的画开始模仿，要比自己凭空想象着画要更容易些。瞧，下面这些小画又简单又有趣。

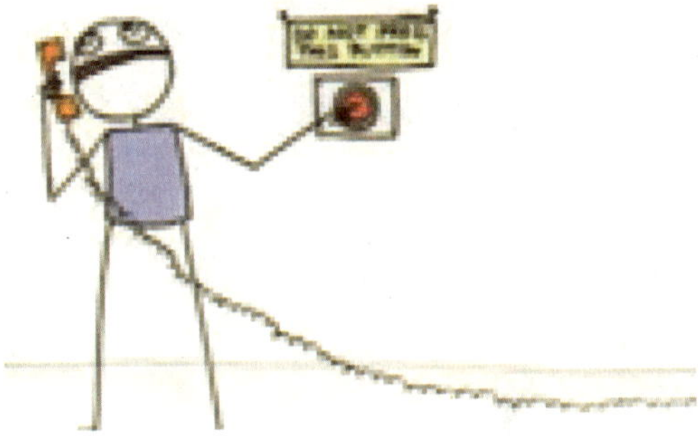

所以闲暇时，找些有趣的东西画一画。这样不仅能够帮助你集中注意力，更重要的是可以让你养成每天总想画点什么的习惯。然后，你会发现将这一习惯放在笔记中既实用又有效。

4. 享受画画的过程，而不是结果

将你的绘画关注点始终放在“开始画”和“正在画”上面。最终会画成什么样子？管它呢！

第八节 成为一个笔记图形“收藏家”

知道吗？如果你习惯了使用思维导图做笔记，那么很快你会养成一个习惯——图形式思维方式。

因为很快你就会发现，当你翻开任意一门课本时，无论是看到一段总结性文字，还是看到一个事件、一个数学等式、化学或物理现象等，你都会首先想到——它们该用怎样的图画来表达！

而为了更容易地在思维导图中将其呈现出来，你应该再想一些可以偷懒的好办法，比如收藏很多与课业内容相关的图片，然后将其直接贴在你的思维导图中就可以了。这个方法能够很好地解决你对于绘画技巧力不从心的烦恼。

比如下面这两页笔记。

你看笔记中那四四方方的图片，都是被直接贴上去的，然后再用色彩来强调和吸引视觉，这样看起来很清晰，加之是印刷版，效果是不是非常赞？因此，当你能够将图像、符号、文字以及连线结合在一起时，你便为自己建立了一个很好的视觉信息呈现。

所以，从现在起，你不妨让自己成为一个有“收藏癖”的人。平时看到杂志或广告页时，任何一张图片都别放过，要有意识地培养自己对于图片的敏感性，看看它们有没有可能成为你的课业思维导图图片。然后，将其放入贴有数学、语文、物理、英语等不同课业标签的小盒子里。这样当你再做思维导图笔记时，你就拥有了一个课业图形百宝箱！

更妙的好处是：随着你对课业进行图形化处理越来越频繁，并为此收集了大量图片后，你会发现自己越来越能够像个艺术家那样去看待和思考问题了。你眼中看到的文字都不再只是一堆枯燥的小黑豆，它们似乎都被施了魔法，能够脱身变幻成各种有形的物体。你的想象力将令你身边的所有人惊讶。一个有着视觉思维意识的人，可不是一般人，因为这类人的造型能力、概括能力、化繁为简能力都是很强悍的，不信你试试！

第三章

成为思维导图笔记法的使用达人

第一节 如何绘制思维导图

你难道不希望将学习变成一件特别有趣的事情吗？那么你有没有试着将下面这些想法应用在课业中？

如果能将这些体现着你独有灵感与智慧的词汇应用在课业笔记中，使你的每一本课业笔记都与众不同，且极具你的个人风格，那每一页的笔记就会让你越来越喜欢上每一堂课。因为那将是对你创造力一次又一次的挑战。

不过，在展现你个人智慧与独特创造力之前，你还需要先掌握一点基本功——如何绘制思维导图。

1. 随心而画

前文中我们已经说过“人人都能成为艺术家”！而且也有很多人愿意在他们的思维导图中画上美丽的画。但是不可否认并不是谁都能画得好。所以，我们一直强调的是“不要把精力放在画画上”，它不是你笔记的重要部分。只需要画出你觉得能够理解自己笔记的图像即可。我不是一个艺术家，当别人取笑我笔记中那些被我画得愁眉苦脸的小人时，我会热心地加入他们的行列，一起嘲笑自己一番。最重要的是——你能够通过它们很好地展现你思维导图的内容。

2. 从哪里开始

► 创建一个中心思想

通常来讲，思维导图都是从一张白纸的中间开始，我建议你使用横向的页面。在那里写下或画出你想要探索的主题。（如果能有一个代表思维导图主题的图像就更好了，这能吸引我们的注意力并引发联想，因为我们的大脑对视觉刺激的反应更好）

► 围绕中心主题展开相关的子主题，用一条线将每个子主题与中心连接起来

让你的创造力流动起来的下一步就是添加分支。通

过添加分支，你可以更深入地探索每个子主题或分支。

思维导图的美妙之处在于，你可以不断地添加新的分支，而不仅仅局限于几个选项。记住，当你添加更多的想法时，你的思维导图的结构会自然形成，你的大脑会从不同的概念中自由地提取新的关联。

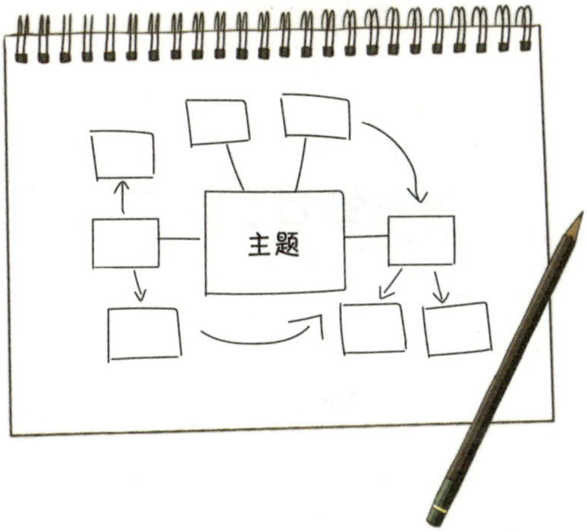

▶ 为最靠近中心的元素拟定标题——关键字

当你在思维导图中添加一个分支时，你需要让这个分支包含一个关键的信息。思维导图的一个重要原则是每个分支使用一个词。与使用多个单词或短语相比，坚持使用一个单词会激发更多的联想。

例如，如果你将“生日派对”作为关键词，那么你只能局限于派对的各个方面。然而，如果你只是简单地使用“生日”这个关键词，你就可以发散开来，探索这个关键词，如派对、礼物、蛋糕等各种不同的关键词。

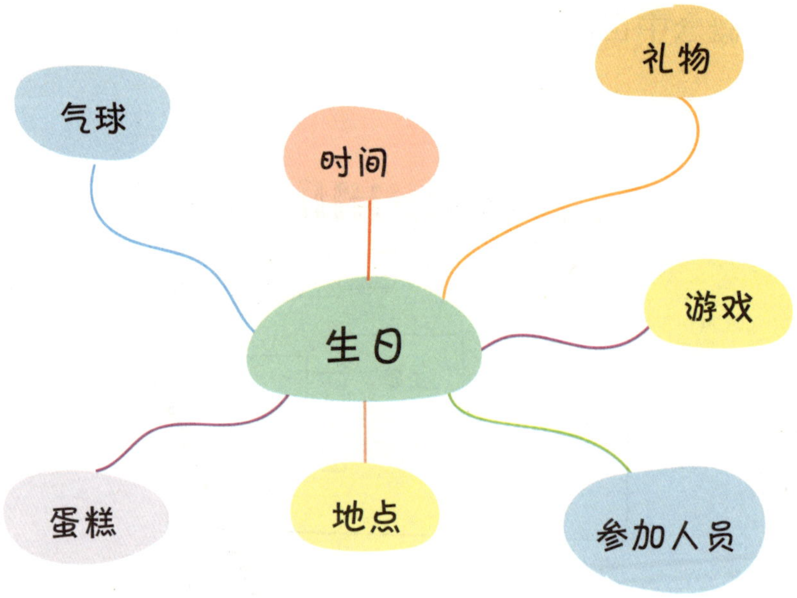

关键词的使用能够触发你大脑中的连接，让你挖掘并记住更多的信息。另外，最好用不同的颜色突出它们的位置，便于一眼看到重点。之后，再在子主题的基础上生成你认为合适的低级子主题，再将每个低级子主题链接到相应的子主题。

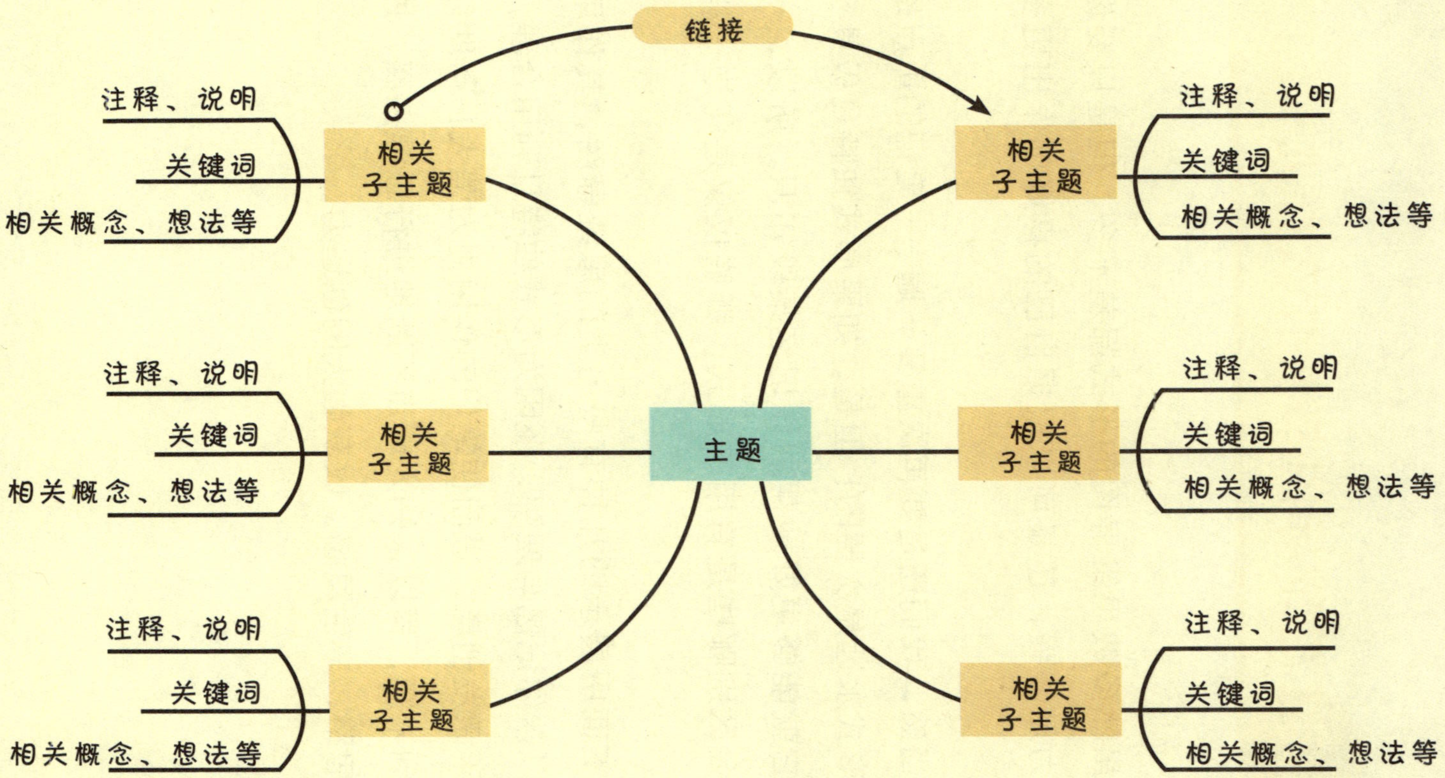
链接
主题
相关子主题
注释、说明
关键词
相关概念、想法等
相关子主题
注释、说明
关键词
相关概念、想法等
相关子主题
注释、说明
关键词
相关概念、想法等
相关子主题
注释、说明
关键词
相关概念、想法等
相关子主题
注释、说明
关键词
相关概念、想法等
相关子主题
注释、说明
关键词
相关概念、想法等

第二节 思维导图都长什么样儿

虽然多数思维导图的形式都差不多，但是只要你的创造力足够强，还是可以根据自己的喜好创作出更多的类型。

当然，我们还是要再次重复一遍——笔记的重点是内容，形式永远是次要的！但是，如果形式独特且极具实用性，它就能够更好地帮助你记忆某段知识。所以，一定要学会区别哪些是有用的形式，哪些仅仅是花边一样的点缀。

下面所展示的几种有些另类的思维导图，其作用不仅可以帮你记忆与理解，还因为形式独特且利用合理，更有助于激发创意，进而使笔记的作用更为强大！帮助你从已知到未知，再以未知为起点不断地进行思维拓展，进而打开思路，产生灵感，收获强大的创造力。

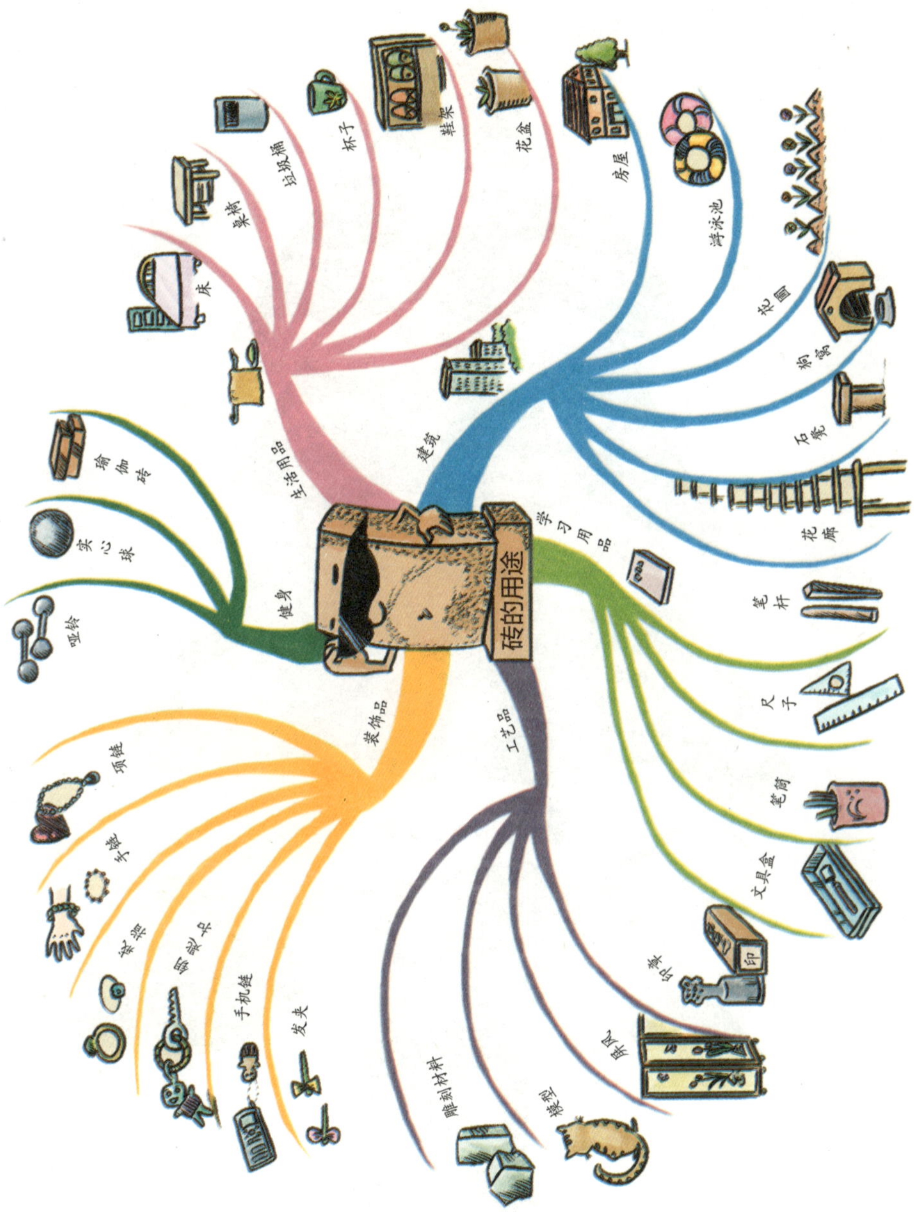
砖的用途
生活用品
床
桌椅
垃圾桶
杯子
鞋架
花盆
建筑
房屋
游泳池
花圃
狗窝
石凳
花廊
学习用品
笔杆
尺子
笔筒
文具盒
工艺品
印章
屏风
模型
雕刻材料
装饰品
项链
手链
耳环
钥匙扣
手机链
发夹
健身
瑜伽砖
实心球
哑铃

买的是糖
继续炒菜
直接倒进去
吃起来是甜的
灵光一闪
小卖部里
不认识“盐”字
付钱回家
想起来是白色的
派我去买盐
正在看电视
无奈还要去
爸爸在炒菜
童年趣事

一棵树的自述
我是小树
快乐成长
长辈呵护
和小伙伴玩
阳光照射
翩翩起舞
拍打翅膀
鸟儿苏醒
空气清新
伸展枝杈
呼吸空气
沐浴阳光
夜晚
伴我入眠
月光澄澈
鸟儿打鼾
不速之客
入侵家园
失去朋友
失去亲人
砍倒同类
痛哭
害怕电锯声
不理解
黄沙来袭
我奋力抗争
无能为力
诱我投降
说明原因
我活下来了
因为我是歪脖树
人类放过了我
黄沙掩埋衣橱

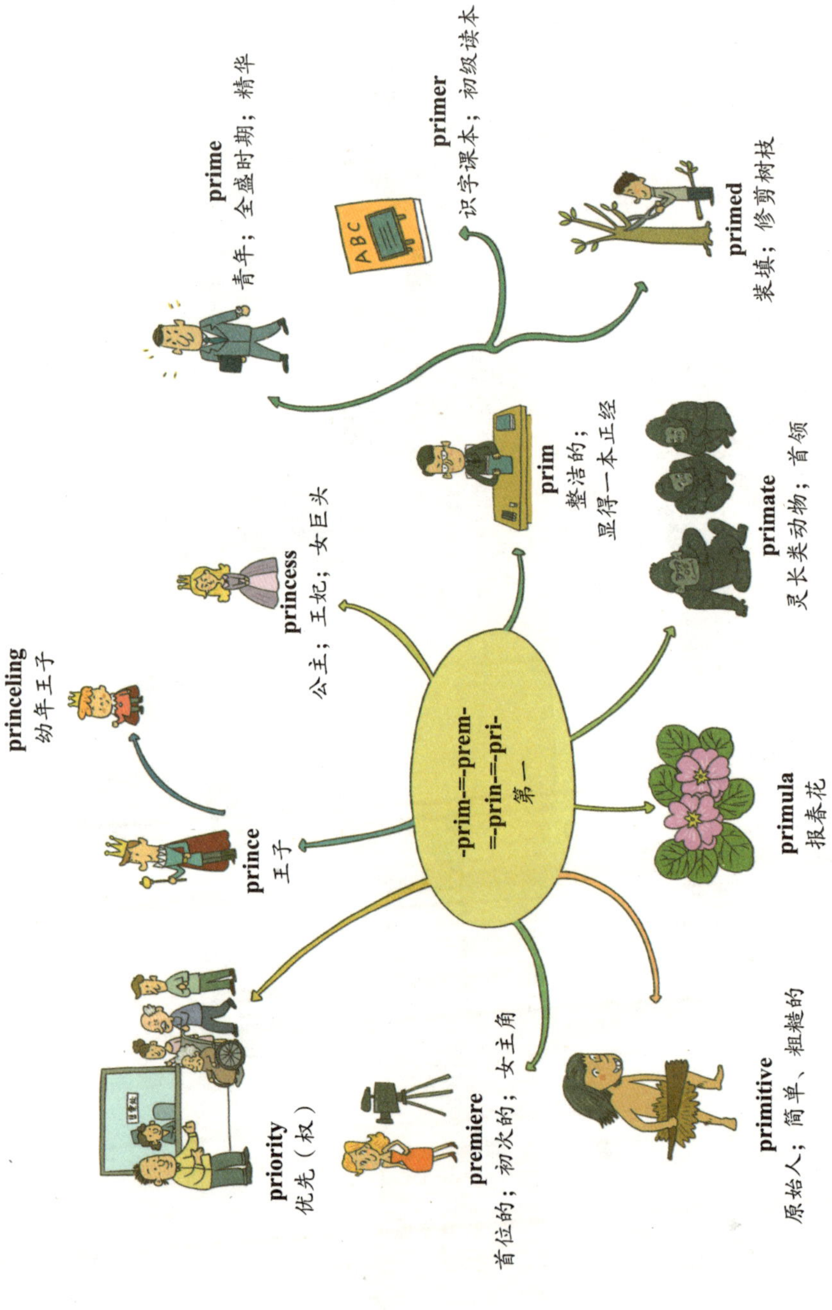
-prim-=-prem-
=-prin-=-pri-
第一
prime
青年；全盛时期；精华
primer
识字课本；初级读本
ABC
primed
装填；修剪树枝
prim
整洁的；
显得一本正经
primate
灵长类动物；首领
primula
报春花
primitive
原始人；简单、粗糙的
premiere
首位的；初次的；女主角
priority
优先（权）
prince
王子
princeling
幼年王子
princess
公主；王妃；女巨头

小贴士：

下面推荐几种笔记中能够用到的小标识，供你参考。

当然你也可以自行创造更为独特的小标识，它们会是什么样的呢？现在就创造几个吧！

第三节 锻炼自己成为“标题党”

我们在前文说过，现代人的平均注意力持续时间已经从 2000 年的 12 秒降至 8.5 秒。这么短的时间内，越是吸引眼球的内容越能给大脑留下印象。所以，“标题党”的存在就是为了让自己的文章能在千万篇文章中脱颖而出。比如下面的几个标题。

《怎样能考一百分》

《学生课业多的原因》

《如何做好语文作业》

看到以上题目，你还有兴趣看下去吗？但是如果改成下面这样呢。

《考一百分，不过就是发一次高烧的事》

《我还小，没时间很正常》

《用 365 天学语文，仅换来 3 条经验》

“广告之父”和奥美公司创始人大卫·奥格尔维（David Ogilvy）曾这样评价标题的重要性：“平均来说，阅读标题的人数是阅读正文的5倍。”所以，一个好的标题能说服更多的人阅读你的文章，而一个糟糕的标题会让潜在的读者转向其他内容。

当然，我们的笔记是写给自己看的，似乎没有必要使用如此花哨的标题。不过，学习一点“标题党”们的写作手法是有好处的。

★ 能够促使自己逐渐养成另类思维的好习惯。

★ 笔记的文风会自成一派，与众不同。

★ 你所写的每一页课业笔记，都是训练自己成为优秀新闻工作者的过程。

让自己变得不同凡响，从一个标题做起！

标题是如此重要，在我们的网络媒体中，一个词的改变会使点击率增加46%。在广告界，“吟安一个字，捻断数茎须”的事天天发生，就是为了“两句三年得，一吟双泪流”的广告效果。

前文我们曾说了图像的影响力，现在，你也明白了文字的举足轻重。

如何成为一名合格的“标题党”成员呢？看似很简单，但并不容易做到，参考以下原则。

★ 你的标题应该是独一无二的。
★ 你的标题应该非常具体。
★ 你的标题应该传达出一种紧迫感。
★ 你的标题应该有用。

你很难在一个标题中完成以上四条，但如果你的标题中能包含一个或两个，那么你写的标题更有可能促使你的潜在客户继续阅读。

一些很棒的标题写作技巧

1 承诺福利

尽可能向读者传达一种利益，让其觉得有用，以吸引他们多阅读。

比如戴尔·卡耐基的名著《如何赢得朋友和影响他人》一直都是亚马逊的畅销书籍。而书名则是它成功的原因之一，因为它承诺会带来好处。

“如何”一词是最常见的开始发福利标题的方式。不过，如果你把标题写得过于简单笼统就会显得这个福利发得太大众化，吸引力不足，比如下面这个例子。

《如何教授语文课》

你必须要时刻想着如何撰写吸引眼球的标题。你看改写成以下三个标题是不是更有吸引力？

《如何教授让学生思考的语文课》

《如何做一名鼓舞人心的语文教师》

《如何通过语文教学吸引和激励学生》

2 运用故事的力量

我们每个人都喜欢故事。你可能已经知道讲故事是一种强大的表达技巧。你也可以在你的笔记标题以及关键词中运用故事的力量。

最常用的方式是“A 怎么到 B”。通过添加形容词，使“A”和“B”尽可能成为一个迷你故事。仔细体会下面这个例子，试着想象故事的画面。

《一所贫穷的学校如何使考零分的青少年变成语言学家》

3 在标题前面使用数字

“标题党”们很喜欢将数字添加在他们的标题中，如“3 种方法，让父母不再唠叨你”或“5 个参观迪士尼世界的理由”。

对比下面两个标题，相信你也会选择第二个标题。

《语文教学的关键概念》

《语文教学的 3 个重要概念》

第一个标题听起来很无聊且太过学术性，但是如果你在里面加上一个数字，你的潜在听众至少知道他能从这篇文章中了解到语文教学有三个关键概念，那么接下来，他会好奇这三个关键概念都是什么。于是，你成功了。

4 激起好奇心

好奇心人人有，即使你没有什么新鲜事告诉大家，你也可以利用这一自然的吸引力。

《如果你是一名语文老师，你怎么能不去参加那个课程呢？》

《想找人帮忙把你的故事变成现实吗？请来A城和我们联系》

看到这样的标题，你的好奇心是否已经催促你点开标题，按图索骥了呢？

5 引起关注

人人都怕犯错。利用它！人们会想过来一看究竟的，因为都想确定自己没犯错。所以，这是一个强有力的策略。例如下面这三个标题。

《语文教师常犯的错误》

《当前语文教学方法的缺陷》

《我在语文教学中所犯的错误以及吸取的教训》

6 收集、替换标题

很多新闻工作者都不会从零做起。他们会收集很多以前使用过的好标题，然后将其作为一个公式一样套用在最适合的文章前。例如，如果文章是写给老师们看的，通常会使用下面这个标题。

《如何教授让学生思考的语文课》

这个标题看上去与学生一点关系也没有。别急，我可以将这个标题替换一下。

《如何找到一个能让你学会思考的语文课》

所以，今后可以多留意各类文章中的标题，并且记得将其写在你的“随身笔记本”当中。

你瞧，通过应用这些格式，我已经写出了很多不错的标题。你也可以这样做。

试着写文章标题

第四节 思维导图的几个小技巧

做思维导图笔记如果只求“快而全”，就会忽视笔迹落在纸上的视觉效果。虽说笔记不需要多么漂亮的字体，但一定要保证笔记干净整洁，至少过一段时间后还能看出写了些什么。

记录的过程并不是笔记发挥优势的最佳时机，再次回顾时它的作用才会体现出来。如果因为字迹难以辨认而成为“天书”，笔记就完全失去了存在的意义。所以，做笔记时，一定要做到以下几点。

写出印刷体般的字迹——尽量将字写得工整易辨识，清晰的字体更便于识记。

主题标签越短越好，以一个词或短语为佳——我们总习惯把话说完整，因此写完整短语的诱惑是巨大的，但一定要意识分明地努力将它缩短成一个词或图形——这样你的思维导图才更有效。

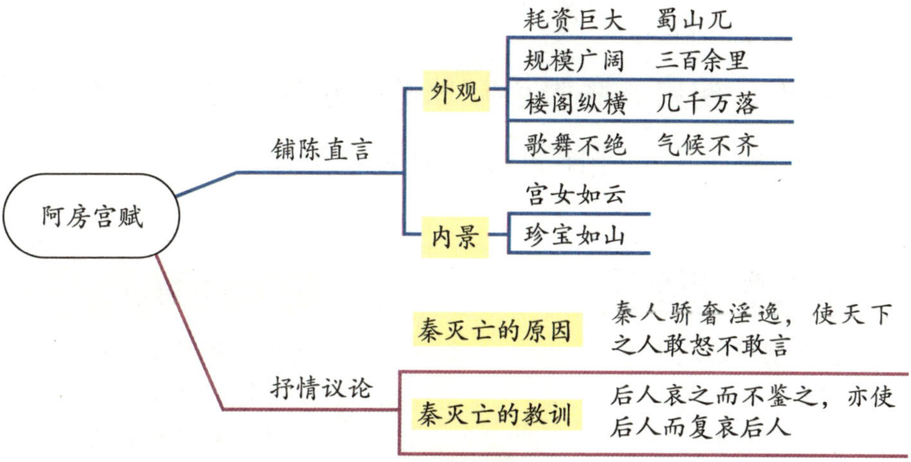

大量使用颜色、图画和符号——这是最棒的一点。制作思维导图的过程，使人感觉不像是在学习，而是在玩、在创造！所以，尽可能地将笔记做得视觉化，大脑会感谢你的。

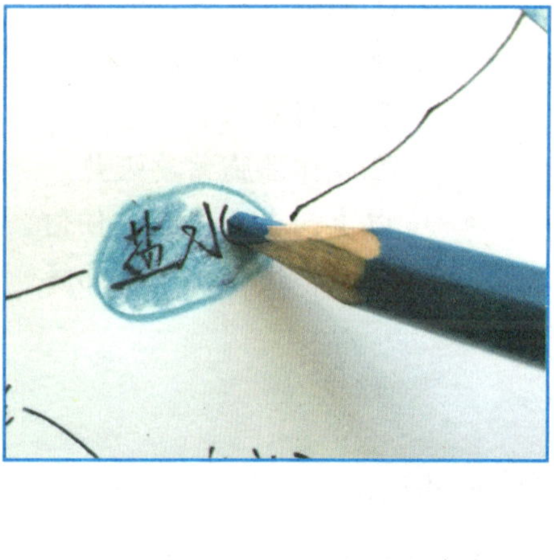

在编写思维导图时，引人注目的字体、明快的彩色和图标会使人一下子注意到重点所在。当然，一个戏剧性的字体也会使导图看起来更有趣。不过这就需要你具备一些字体设计的能力。

另外，使用一张吸引眼球的彩色纸张或彩色的局部区域，能够让笔记整体看起来更清新悦目。

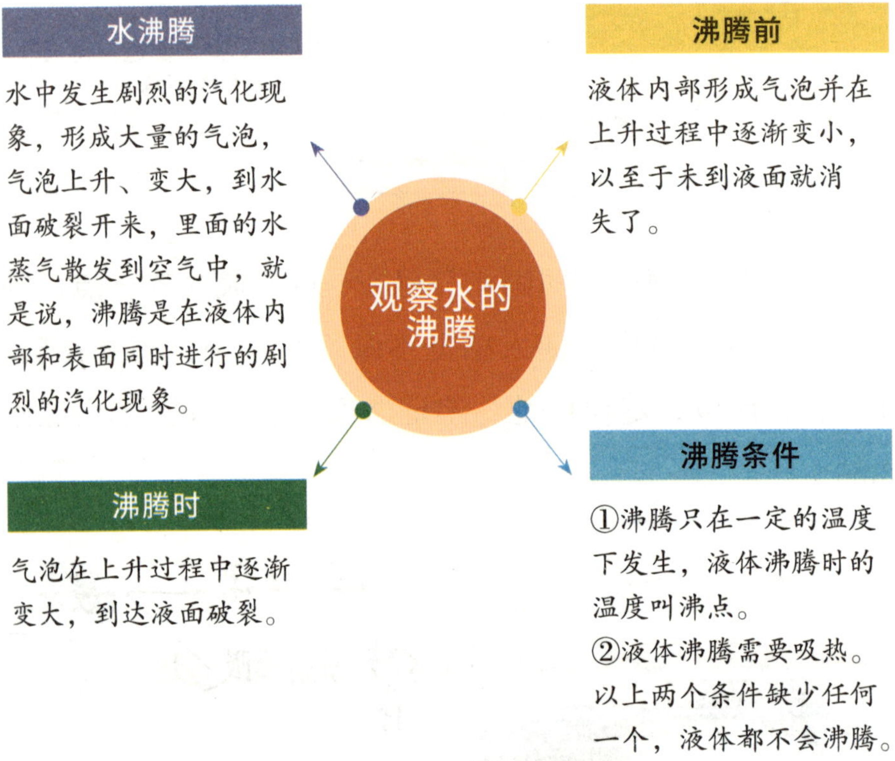

我见过很多人甚至连试都不曾试一下，就以自己“不是艺术家”为由放弃了。不要让这块硬石头阻止你的尝试精神！

改变文本大小、颜色、对齐方式、线条的厚度和长度——提供尽可能多的视觉线索来强调重点。每一点都有助于调动你的大脑积极地给出回应。

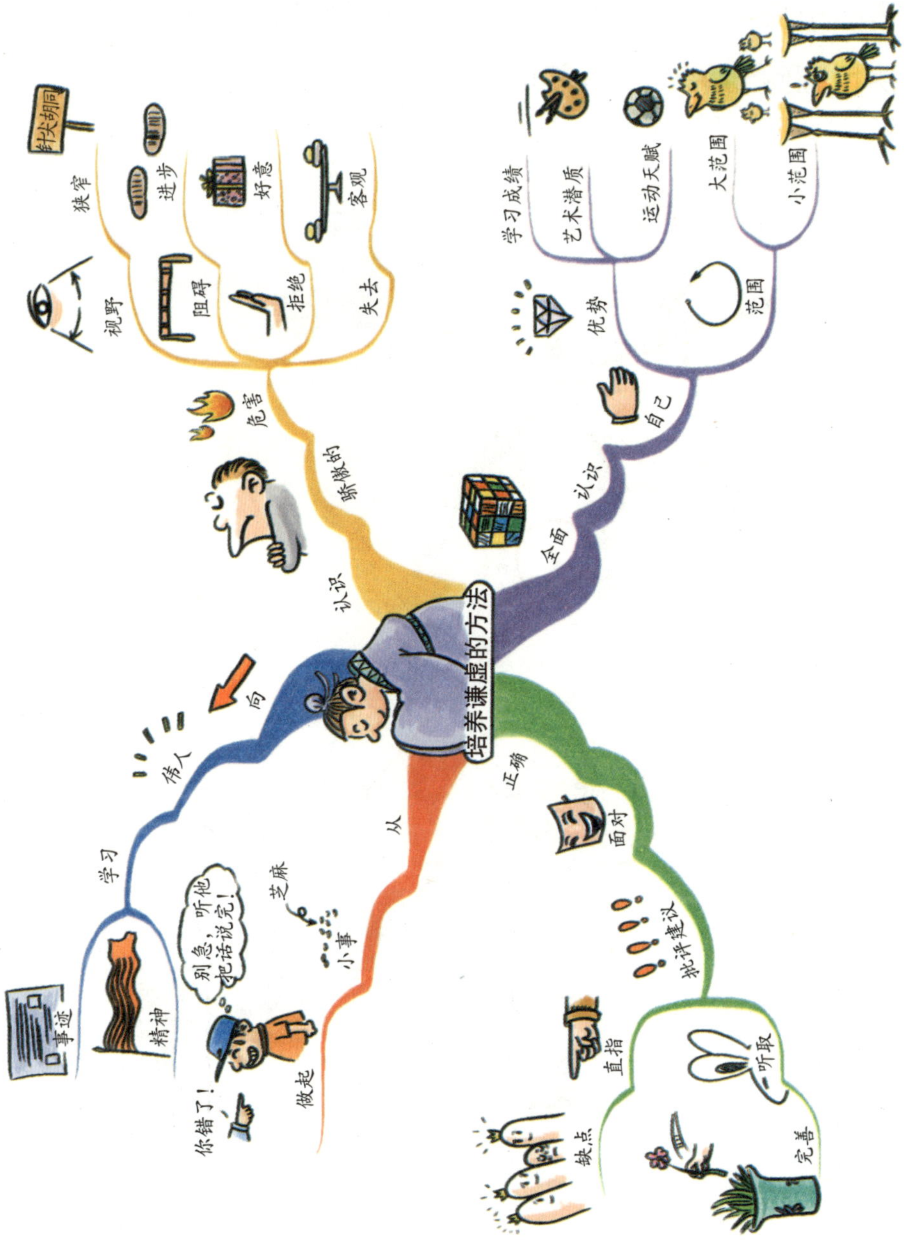

从一个思维导图索引到另一个相关的思维导图——如果在不同的思维导图中都涉及了相同的知识点，可以在旁边标出页码，这样就可以创建一个信息链，能够指引你很快地翻阅到另一个有关联的思维导图中。

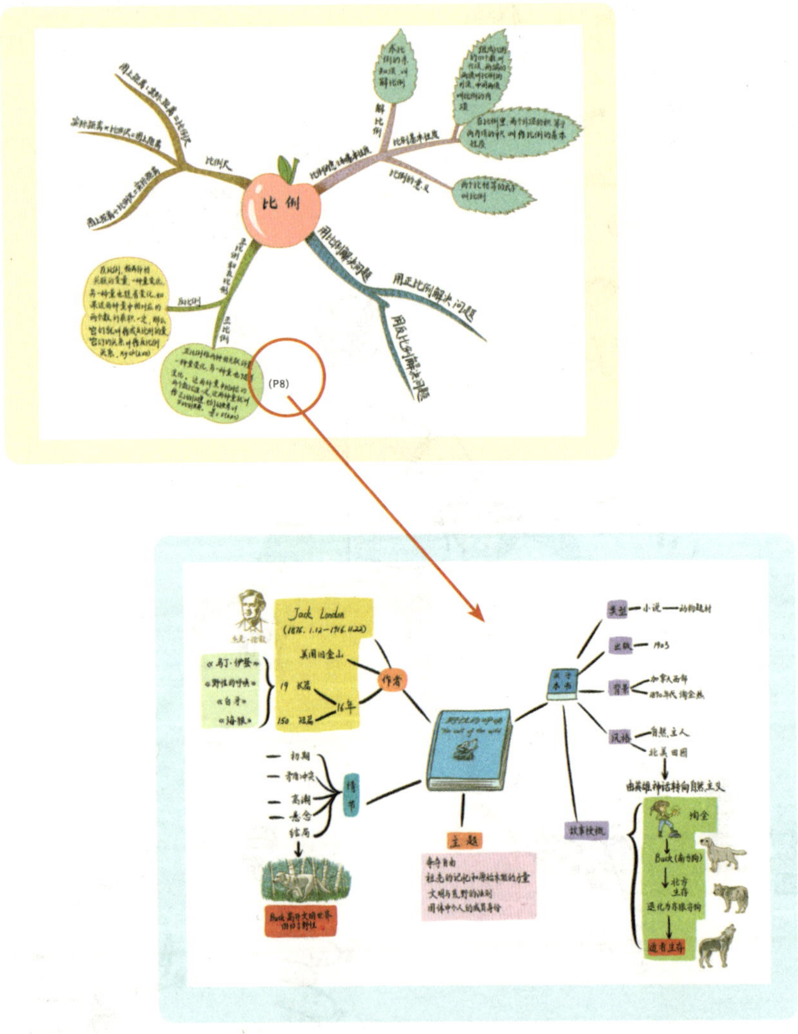

故意预留思维索引线——如果你再也延伸不出其他想法了，先别急着放弃。试着在你的思维导图上画上空白的分支。我们的大脑不喜欢未完成的工作，所以通过画未完成的分支，我们可以欺骗大脑去寻找创造性的方法来扩展我们的思维导图。

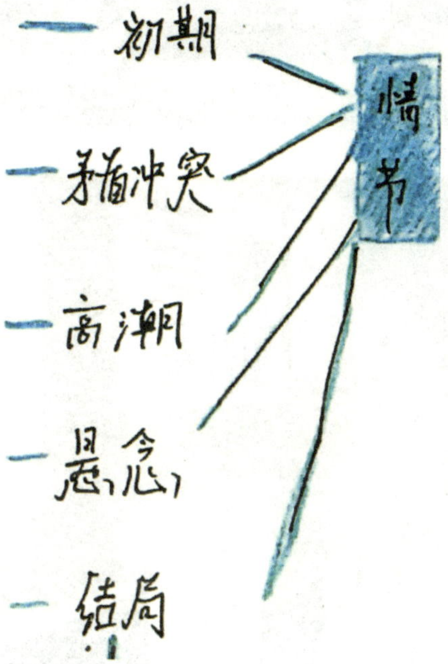

将思维导图挂起来——很多时候，为了便于回顾性复习某一内容，时时翻开厚厚的笔记本是件很麻烦的事，之前我们建议使用活页夹的另一个好处就是每一页笔记都可以拿出来使用。如果你再给它凹个有趣的造型，挂在墙上，不仅便于随时看到，而且还能成为一幅装饰画。

总之，所有的思维导图都是从中心辐射，使用线条、符号、文字、颜色和简洁图像来呈现，这样将有利于大脑概念化记忆。

理解思维导图的一个简单方法是将其与城市地图进行比较。城市中心代表了中心思想，从中心开始的主要道路代表了你思维过程中的关键思想，次要的道路或分支代表次要的思想，等等。特殊的图像或形状可以代表感兴趣的地标或特别相关的想法。

一旦你掌握这些基本技能，你就可以开始创建你的第一个思维导图了。虽然你所需要的只是一个书写工具和一张纸——但你还可以学习一些后文更灵活的东西再开始。

第五节 学会提炼关键词

思维导图笔记的重点是从大段的文字中找到重点与概括性的词汇。

所以，不要认为将整段整段的文字分解在笔记本的各个角落就是思维导图。

关键词的提炼要点是“简洁、明确、一目了然”。

比如下面这三张关于《夏洛的网》所做的思维导图笔记。

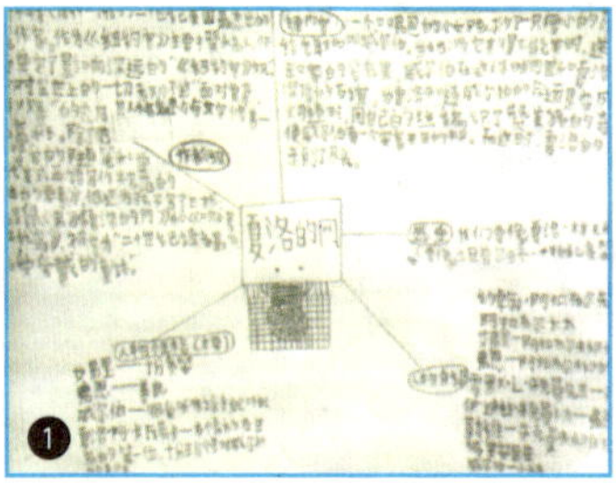

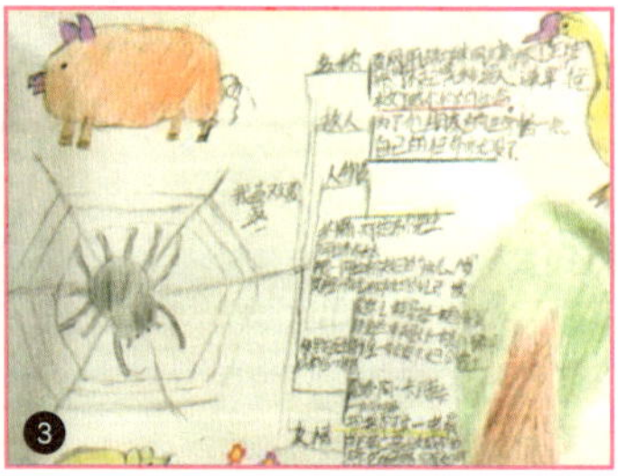

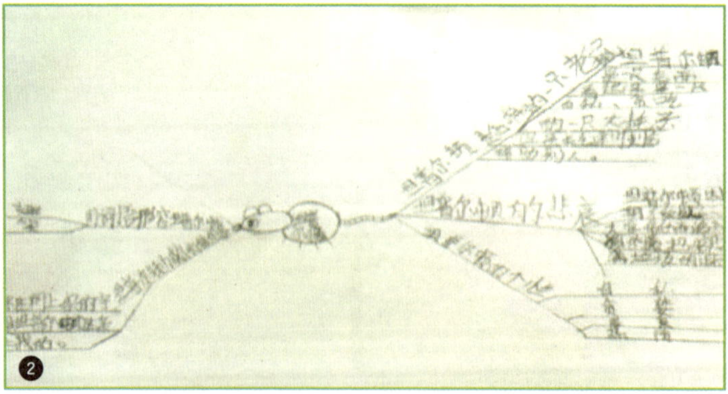

从这三张图可以看出明显的区别。

第一张就是大段文字摘抄式。从满页的文字中，无法很快找到文章的重点。这样的笔记再次打开去看时，识记性就差很多。

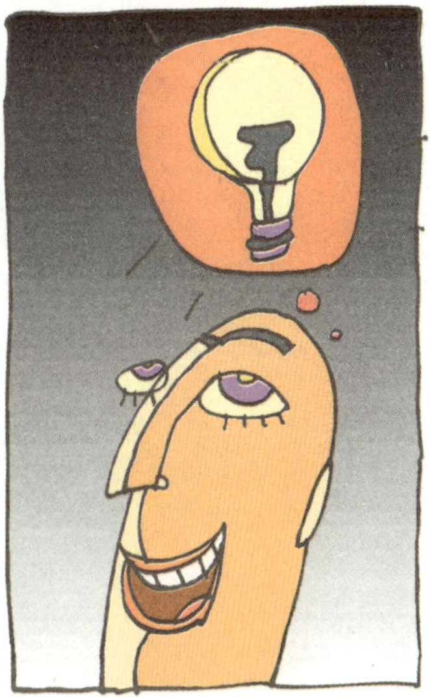

第二、三张就较为简洁明晰。一眼看去，便能很快知道该章节的重点。当然，如果你的绘画技能还不错的话，能像第三张这样加饰一些相关的图例，会使笔记既显得有趣，又能让人识图知意，强化记忆理解。

从这些笔记中不难发现，科学家们都无一例外地习惯用“关键词+图形”来记录自己的思想和思考轨迹。所以，学会总结、归纳并将其浓缩成一个个关键词，是顺利制作思维导图的第一步。

现在我们就来做一个小练习，看看你的总结、归纳能力有多强。

请你将下面句中的关键词提炼出来

承重墙是建筑物抗震的重要结构体。

关键词是：

答案：

提炼精确的关键词是：承重墙、抗震、结构体

提炼无效的关键词是：抗震的重要结构体

关键词的提炼方法

提炼关键词是一种重要的阅读概括能力。通过它可以唤起你对更多知识的记忆，所以关键词是一把知识库的钥匙。此外，训练提炼关键词的能力还可以让自己的规划归类能力得到充分锻炼。一个善于提炼关键元素的人，生活中也必然是个头脑清晰，做事不拖沓，干练、简洁的人。

关键词要围绕着“人、事、时、地、物”的思路去提取。当然，不同课业的关键词是不一样的。例如历史课业中，历史事件的重点应该围绕着事情发生的原因、经过、结果来提取关键词。但依然还是离不开“人、事、时、地、物”。

一个准确的关键字短语能够帮助你很好地引申出更多的信息和想法。

第六节 切忌华而不实的笔记思维导图

如前文所讲，在笔记思维导图中绘制一些图画可以增强笔记的视觉趣味性与记忆强度，但是一定要掌握一个度，切忌喧宾夺主！你的重点是突出知识点、突出重要信息，而不是举办个人画展！

如果过分专注于绘画，不仅耗时费力，而且也容易让你在做笔记之初对文章重点形成的灵感消散在绘画过程中。

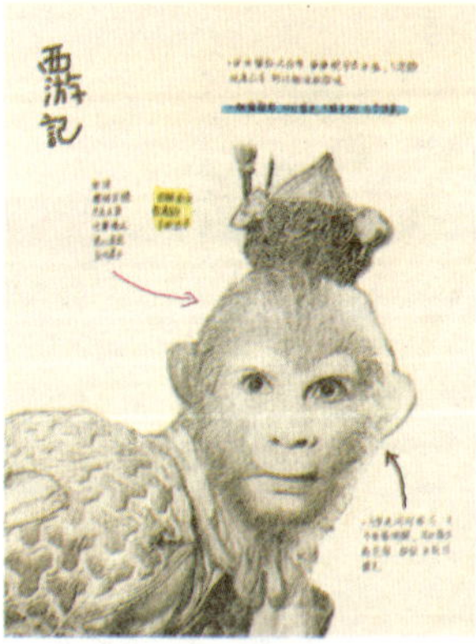

比如上面这两张关于《西游记》的笔记思维导图，虽然每一页都能通过人物肖像画看出该页介绍的人物是谁，但其作用也就只有这一点。而且作者也表示，为了完

成这一张图，他需要花费两三个小时去找图、画图，如此一来，留给做笔记的时间就所剩无几了。所以，类似这样精于绘画而疏于笔记内容的思维导图，应该尽量避免。

不过，如果你的绘画技能特别棒，那可以这样利用你的画作。

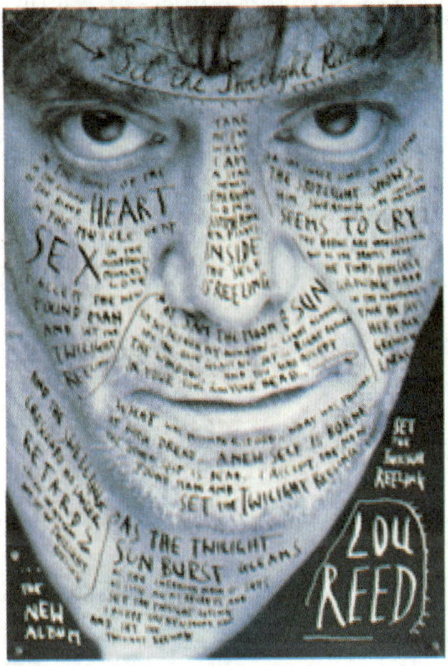

这个思维导图是不是很酷，也是利用人像来吸引眼球的。但是，制作者很巧妙地用脸上的五官作为分区线，将笔记内容分散在脸的各处。这样做的好处就是，能够很好地回忆起自己的笔记内容。比如考试时涉及了笔记中的某个问题，你的脑海中会立刻浮现出形象的画面，并且清楚地记得当时这个问题被写在了人物的鼻子上，那个知识点是在下巴上。

第七节 学会为思维导图笔记“瘦身”

虽然思维导图能够让你非常便利地从每一个关键词无限延伸出去，但是有一点必须要注意——关键点要省着点用！否则会使你的思维导图看起来烦琐而混乱。因为有些思维导图如果内容太多、太详细，它们往往会吓到大多数人，而不是激励他们。比如下面这张关于三国的思维导图，不用去仔细看内容，单是冷眼扫过去，就会被那密密麻麻的小分支弄得眼晕头痛！

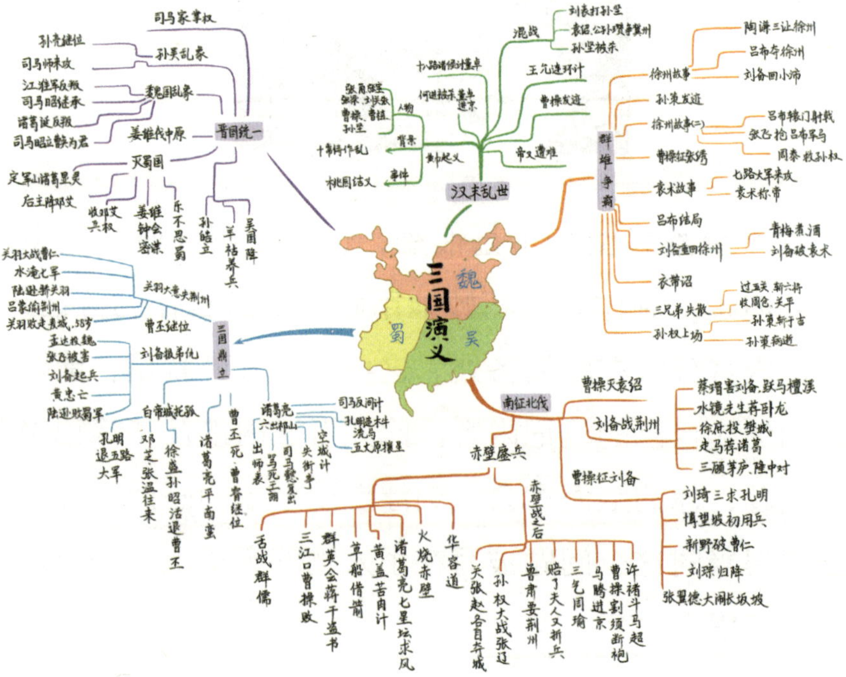

所以，如果你正在阅读的书中包含了太多有用的信息，以至于很难在一张思维导图中全部捕捉到，那么就再创建一个由多页面的分导图组成的思维导图，比如每个章节一个导图。事实证明，这是一个非常棒的解决方案。

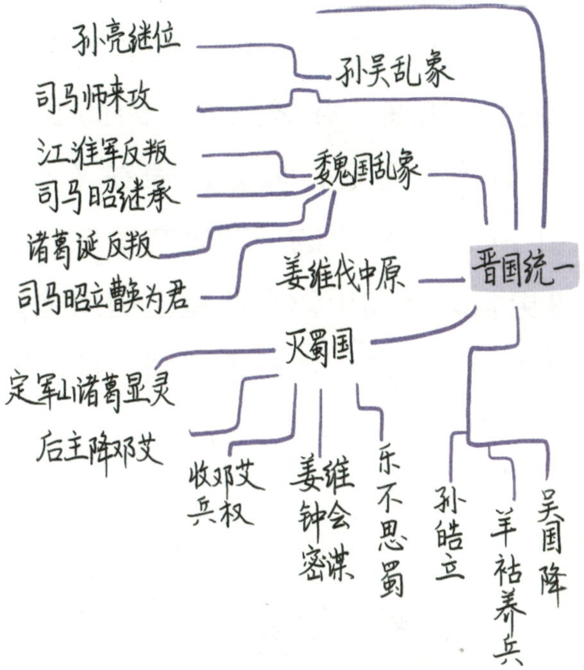

赶快行动起来，试试这种方法吧！

第八节 电子笔记VS纸质笔记

现在由于笔记本电脑的普及，已经有很多同学开始在课堂上用其做笔记了。与真正的纸质本子相比，这台轻薄小型的电脑打字快速，存储量大，因此很多人认为其是最好的记录载体。可是，最近发表在《心理科学》(Psychological Science)上的一项研究发现，在记笔记方面，笔比键盘更强大！如果你在课堂上使用笔记本电脑做笔记，或者使用应用程序创建思维导图，那你以后回忆信息的能力可能会受影响。

手写的好处 1 增强学习理解与记忆力

一项研究发现，即使用电脑的学生能打出更多的信息，但用手写笔记的学生对一节课的理解能力更强，在概念问题上的得分要高得多。

在电脑上做笔记的学生基本上是在抄写讲课内容。而手写因为速度慢，所以做笔记时必须有选择性，只能选择那些最重要的信息抄下来。这使得他们必须更注意倾听，并迅速做出判断，记哪些，忽略哪些。

另外，使用电脑的学生很难在电脑上随意书写，电脑的光标每挪动一下，都必须按下很多次空格键才行，这就不如在纸上书写时更加自如与便捷。

手写的好处 2 充分利用你的大脑

写作需要你运用更多的运动技能，以及启动大脑中一系列被称为“阅读回路”的链接。这比打字更能激活我们大脑的各个部分。把字写在纸上的行为激活了大脑的某些区域，帮助我们提高了理解力。

手写的好处 3 释放创造力

写字比打字更能激发你的创造力。手写也有一些微妙的方面比打字更具艺术性，因为每个人的笔迹都完全是他们自己的。这给了我们自己写作的身份，就像一个艺术家拥有自己独特的媒介一样！

手写的好处 4 增强注意力

这一点很简单——在电脑上打字意味着你离无穷无尽的娱乐互联网只有几厘米远，很容易就会分心。如果你需要控制你短暂的注意力，手写可以帮助你集中注意力。

手写的好处 5 刺激大脑

书写时，大脑调用着不同的脑区，使左、右脑都能受到刺激。

第四章

课业越记越上瘾的 N 条理由

第一节 绘制思维导图前的准备

如果你将这本书读至此处，那么相信你已经对思维导图的作用与应用有了足够的了解。因此，当你再听老师们站在讲台上滔滔不绝地释放着海量的知识点，并要求你全部记下来的时候，你一定要拿出你的秘密武器——思维导图——记笔记！它将使你再也不会进入因为跟不上记录的进度而深感力不从心、无能为力和极度沮丧的境地。

而且，当你只需要从老师的话语中摘录出每一个知识点的关键词时，少写了无数个字的你，将有更多的空闲时间去真正理解那些知识的含义。

所以，用思维导图记录课堂笔记将使你获得控制感和自信心，这将有助于提高你的学习效率。

接下来你可能已经跃跃欲试，想马上开辟几块笔记“试验田”了吧。不过，在你开始前，我先帮你再将前面的要点总结一下，你可以做好以下准备：

STEP 1 拿到课本后用 10 分钟时间对准备学习的内容进行整体浏览与了解，然后根据书本目录做一张思维导图。这张图将成为你日后阅读其他章节的总指导图。一次做好，以备后用。

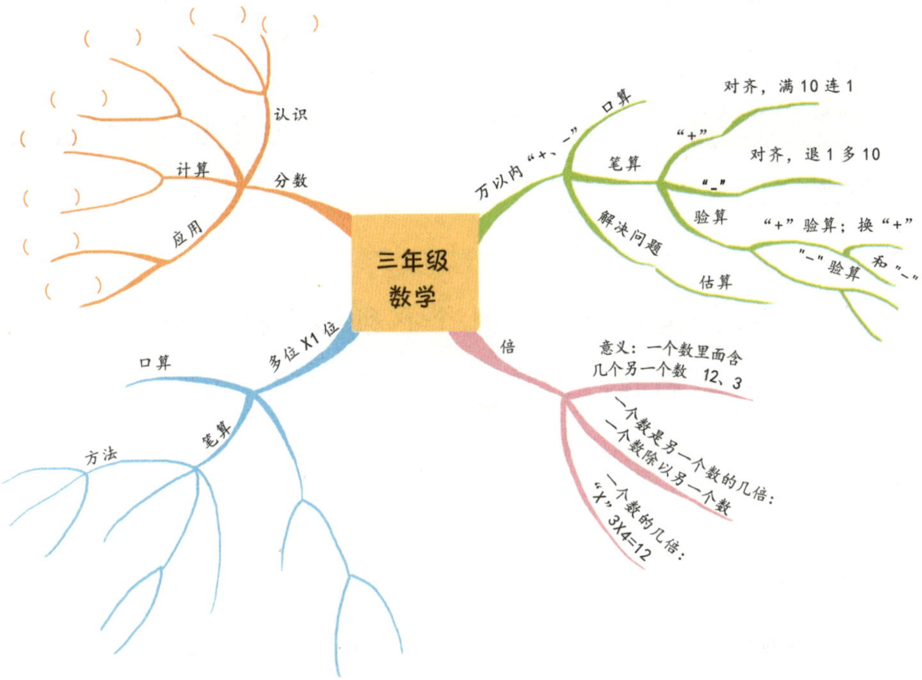

STEP 2 选取书中准备学习的一章开始阅读，同时用彩色铅笔，将书中看到的关键词、概念、名词解释进行标注。看完一遍后，再顺着刚标注的关键词，进行第二次快速阅读。如有遗漏内容，及时标注。时间为 10 分钟至 30 分钟。

STEP 3 根据自己标注的关键词制作思维导图，如果本章内容分节太多或内容量太大，可以分成几张思维导图来制作。时间大约 10 分钟。

SETP 4 学完本章后，需要检测自己对本章知识掌握得如何。可以另换一张空白纸，合上书本，根据记忆和理解画出刚才的思维导图。之后，将其与之前做的那张思维导图进行比较。

STEP 5 读至此，你就可以开始动笔为各个课业绘制蓝图了！

下面我们再将学习的几个必须步骤排列出来，以帮助你更清晰地知道自己该如何开始启动“思维导图式学习”。这是个具有创造性的事情。

★ 记笔记
★ 头脑风暴（个人或小组）
★ 解决问题
★ 学习和记忆
★ 规划
★ 研究和整合不同来源的信息
★ 展示信息
★ 对复杂问题有深刻见解
★ 锻炼创造力

总之，思维导图可以帮助你在几乎任何情况下理清思路，比如：规划你的每一天、总结一本书、启动一个项目、规划和创作演讲、写微博等任何事。

每一个伟大的想法，它的力量都在于它的简单。

以下几节内容选取了几个有代表性的科目，并稍做注解与说明，以供你参考。

第二节 把语文课笔记变成一个创意园

将思维导图应用在语文课业是一件特别有趣的事，包罗万象的文章中包含着生活的方方面面——一段描述宇宙外太空的文字、一节足球比赛的描写、一页赤壁之战……都会让你的思维导图有着花样纷繁的选择。

但是接触思维导图之前，我做笔记的方式非常“落后”。是的，你没看错，是“落后”！当时我正值大三，每学期我们都必须读完 3 本自选书籍，并在期末的时候将读书总结交上去。于是，全班同学交了一堆堆笔记本，上面主要是我们读过的书的“摘录”——你知道，就是那种按照内容页的顺序一大段一大段的摘抄。显然，这样的读书笔记基本类似于书的微缩版，没多大用处，很难从中看到整本书的逻辑，尤其是它的结构。也就是说，我们摘抄下来的只是书中一个又一个知识点，很局部，根本无法在笔记的各个部分之间找到直接联系。

之后，一些学生还被点名要对那本书做口头陈述，而我们所讲的大部分陈述根本不是针对情节、主题进行的评论，只是单纯地“背诵”或者是情节介绍。

所以，我们的老师对这些“摘录”的图书摘要特别生气，他开始教授我们使用思维导图来做阅读笔记。因为阅读也是语文课业的重要部分，所以就用我的阅读笔记来作为语文课业的案例吧。基本步骤大致如下。

STEP 1 读书

用思维导图做阅读笔记的最大好处就是——你根本无法敷衍阅读这件事！如果还是像以前那种单纯的摘录，你完全可以在不看书的情况下，随便抄下任意一段应付差事。可是如果做思维导图笔记就不行了，它的结构、逻辑发展等都需要你读完书后自行提炼总结，所以第一步必须是——全部读一遍！

STEP 2 构建书的大致结构

在开始真正阅读时，我会从书的封面开始，然后一定要仔细看看它的目录，通过作者划分的章节熟悉它的结构、页面布局和风格。

我会先在纸上构建一个大致的框架，如果是小说，我总是简单地问自己关于这部小说如下几个问题。

讲了一件什么事？

谁讲的？

用什么方式讲的？

这样，我的思维导图上就已经有了至少三个可以延伸的方向。当然，你也可以再多为自己设置一些问题，诸如：故事情节、主题、修辞、描写手法、场面、叙事方法等。

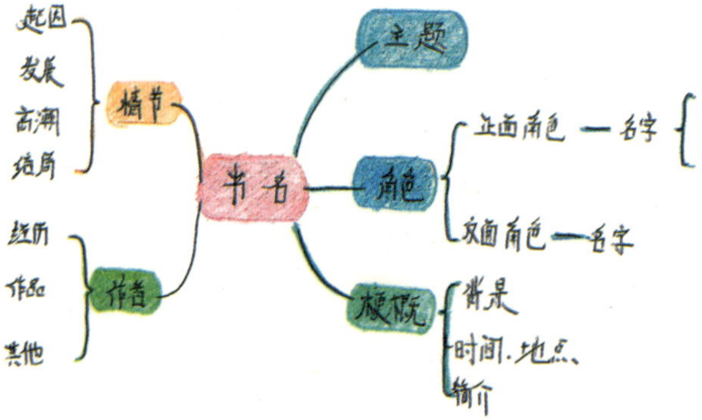

从上面的阅读模板中你会发现思维导图是有层级区分的，纸张的中间处是留给“书名”的，有了中央首领后，文章的层次就可以按照一级层、二级层、三级层……逐一划分。你完全可以将其想象成行政区划图。第一层次的知识是“省”，第二层次的知识则是“市”，第三层次的知识就是“县”。当然，你还可以根据文章内容继续划分出更细密的知识细胞。

它因为简单所以简单。只是有一点需要你注意——如何做出属于你自己的“独家版”？

另外，如果是其他内容的书籍，比如科学、地理类，我往往会从复制书的原始结构即目录开始构建我的思维导图。这样做的好处是可以在原始的框架上逐步完善，会使导图更容易些，而且原始目录的措辞通常更加丰富而且精确。

STEP 3 阅读并标注

接下来，你就可以开始你的阅读之旅了。同时，一定要将关键句子、关键词标识出来，以便整理到你搭建好的思维导图框架中。这一步很重要，不然你就只得再重复读一遍。

STEP 4 整理思维导图

在第一次阅读和第一个思维导图结构做好之后，我就有了一个完整的框架。但是当我阅读完某一章节时，我就会在原有基础上将自己认为重要或非重要的内容以及自己的想法，进行增加或删减。

STEP 5 调整和比较

重读你的思维导图，检查内容是否一致、易懂、平衡。另外，多数时候你会多次重复绘制你的思维导图，因为你会因为经验不足而导致预留的空间有限，或者画出的结构有误。这是你起步时必然会遇到的一个过程，坚持做下去，你就会越来越轻松！

STEP 6 修饰与美化

当你有了一个思路清晰而完全的阅读思维导图后，它看起来就基本完工了。目前，思维导图是可读的，但在视觉上不是很吸引人。所以，接下来这一步就特别有趣了，你需要给你的思维导图添加一些视觉元素：颜色和图标，记得确保其适合它们要修饰的那个主题——比如我将红色定义为“最重要的内容”。以后的所有导图中它都将成为“最重要”的代言色。

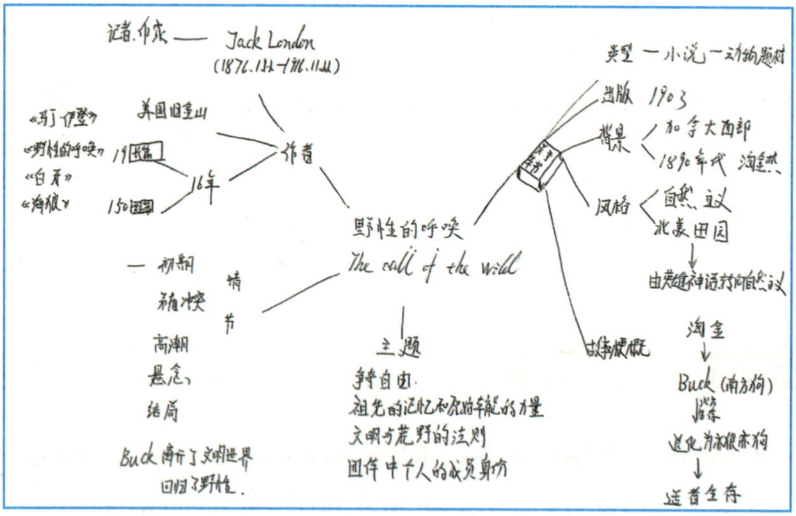

STEP 7 复查

再次阅读思维导图的所有内容，最后一次纠正拼写错误、错放的大写字母和其他错误，努力使内容尽可能完美。

STEP 8 学习也可以成为游戏

做好的思维导图如同一张藏宝图，你列在上面的全部是你的知识宝藏的线索。你可以与同学交换自己的“藏宝图”，看看对方提供的线索，试着讲出对方深藏的秘密！讲述的过程就是对课文的复述，但是这样的游戏式分享会让你们都觉得收获的不仅仅是知识。

STEP 9 回顾

如果对所画的思维导图及时复习，效果会更好。我们采用晚上对其仔细复习15分钟，旧知识复习5分钟，早上再次在脑中重现该导图，来强化记忆。课业上的内容怎经得起如此强化，它们会乖乖地待在你的记忆库房里永不消失！有研究说医科学生自从采用思维导图做笔记后，他们对信息的长期记忆时间增加了10%。

自从学会用思维导图来做阅读笔记之后，我更喜欢阅读了，因为一边读一边将自己当时的想法记下来，再汇总成一个完整的读书体系后，就会感觉那本书不再是别人写出来而我被动地接受了。书里有了我自己对于它的评价与判断，仿佛与作者进行了一场学术讨论似的。我从他的观点中生出了我自己的思考与认知。

当然，这个方法也使我很快就学会了如何从冗长的书籍文本中提取关键信息。这个过程也让我更专注于思考，而不是简单地摘抄，从而也能更好地理解那本书。比如我读过的《野性的呼唤》就是按照上面的方式做成下面这张思维导图。

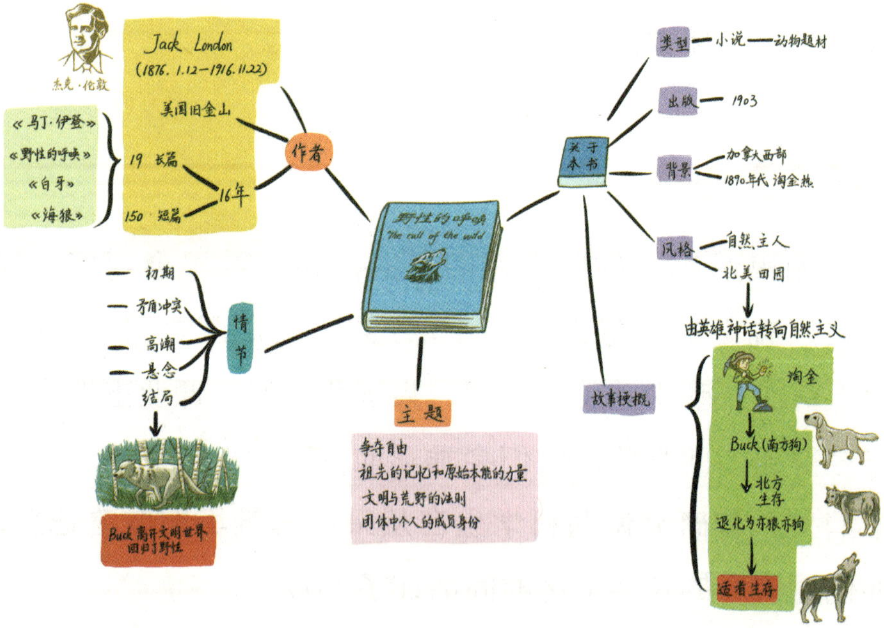

另外，在做阅读方面的思维导图笔记时，你还需要注意几个要点。

1 尽量将信息分解成更小、更容易处理的块

比如《野性的呼唤》阅读导图中，你可以看到情节部分，我按照小说的发展又划分了几个子项（初期、矛盾冲突、高潮），并在后面都预留了一定的空间，准备全部读完之后，将每一项涉及的情节提炼浓缩成关键句放在那里。

2 抓住文章的关键概念和思想

在上面的导图中，我特意用红色将全文的中心重点标记了出来。因为我一向都用红色标识最重要的内容。当然，这只是我个人对颜色的使用习惯。你可以找一种最喜欢的颜色来作为所有笔记中最重要的内容标识色，比如蓝色。

3 列出你在阅读过程中遇到的不熟悉的词语和其他问题

4 总结一篇文章的情节并描述它的主要人物

文学作品创意思维导图范例

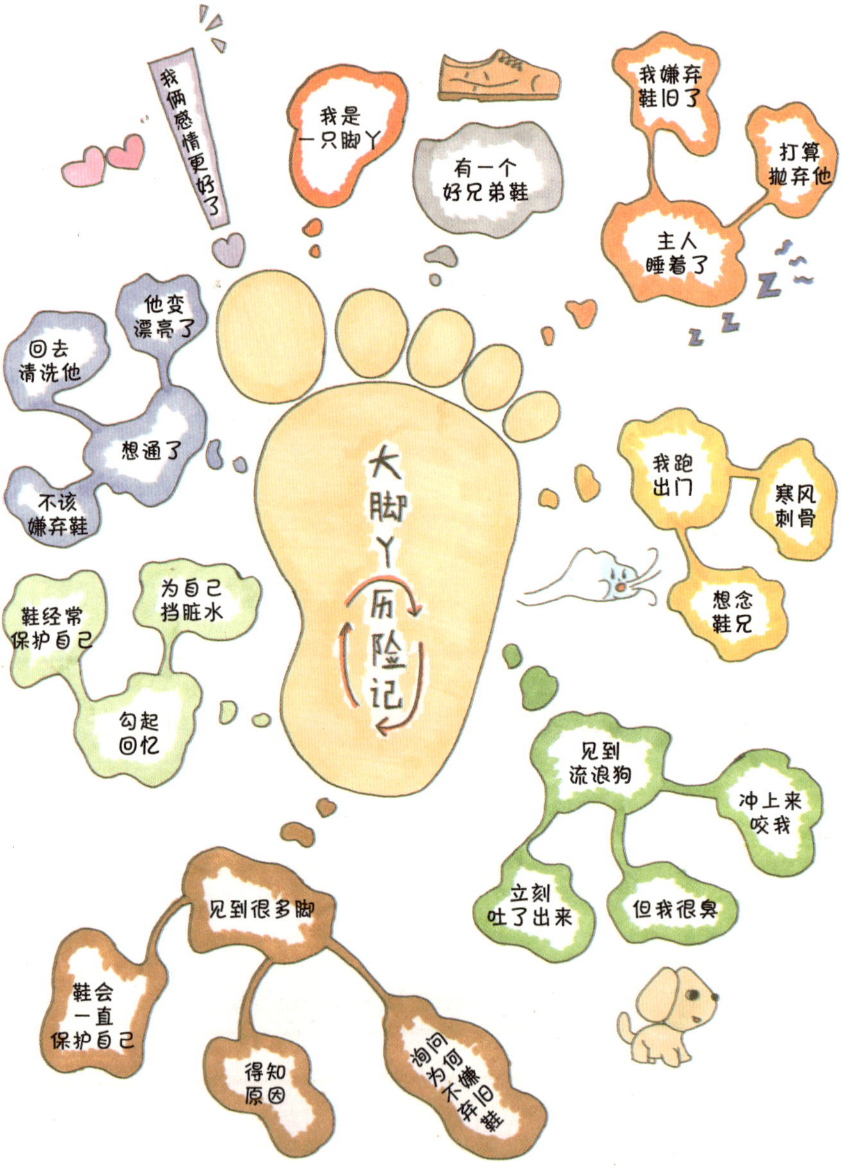

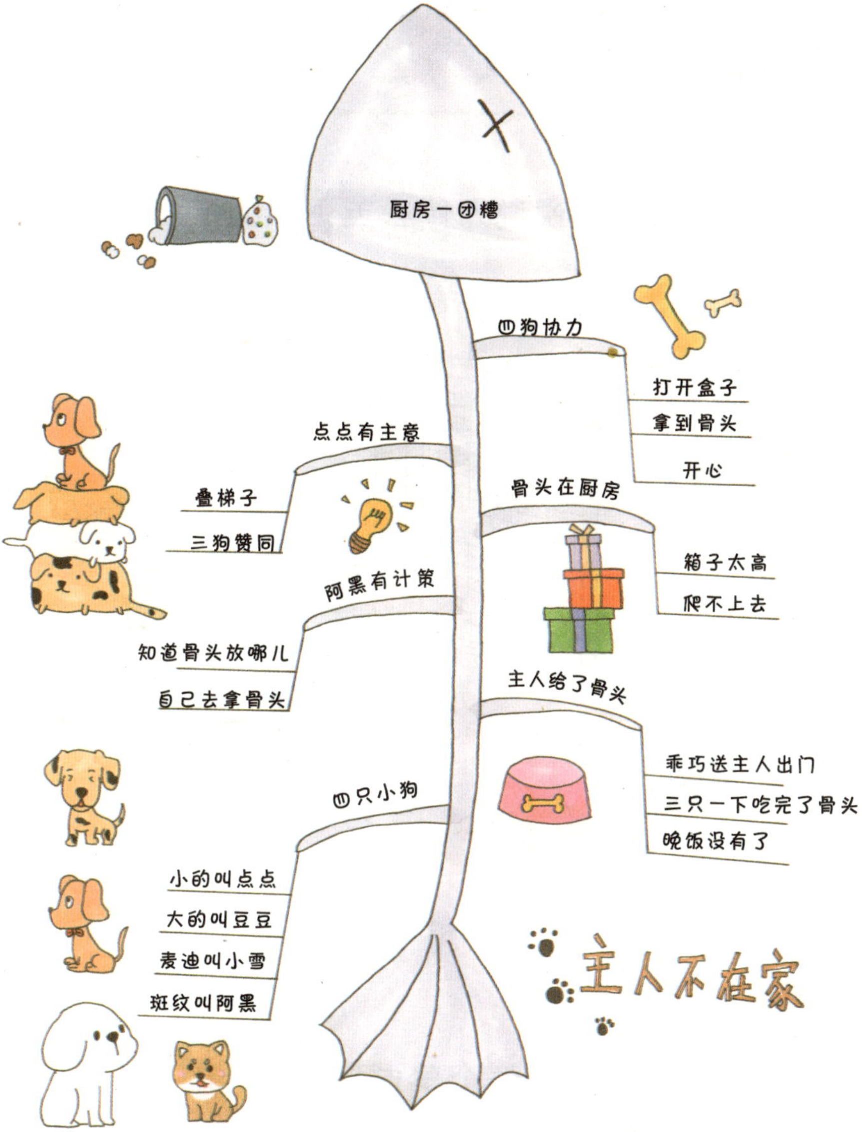
厨房一团糟
四狗协力
打开盒子
拿到骨头
开心
点点有主意
叠梯子
三狗赞同
骨头在厨房
箱子太高
爬不上去
阿黑有计策
知道骨头放哪儿
自己去拿骨头
主人给了骨头
乖巧送主人出门
三只一下吃完了骨头
晚饭没有了
四只小狗
小的叫点点
大的叫豆豆
麦迪叫小雪
斑纹叫阿黑
主人不在家

第三节 英语课的笔记最容易成为艺术品

首先，我想先说说为什么英语课的笔记最容易成为艺术品这件事。

1. 英文的视觉美感

这是因为英文的每个单词都是由一个个独立的字母组成，每个字母的变化都不影响整个单词的辨识与表意功能，而且每个字母都有一些独特的形状，单独看起来也是曲线分明，视觉效果比较自由活泼。例如，“akmo”这四个字母虽然紧紧排列在一起，但是上下起伏，错落感很强。

不像汉字，视觉效果更接近于一个个规则的几何方块，整个结构是闭合的，如果拆分开后，就只剩了一条线，形状变化小。

所以，平面设计里经常喜欢用一些外文词句来增强文案的视觉艺术感，如下图。

你看，这些单词只是通过颜色、大小、形状以及组合的变化，便使得视觉感极具冲击力。所以，你也可以模仿着将这一字母修饰技法运用在你的笔记中，一定会很出彩。

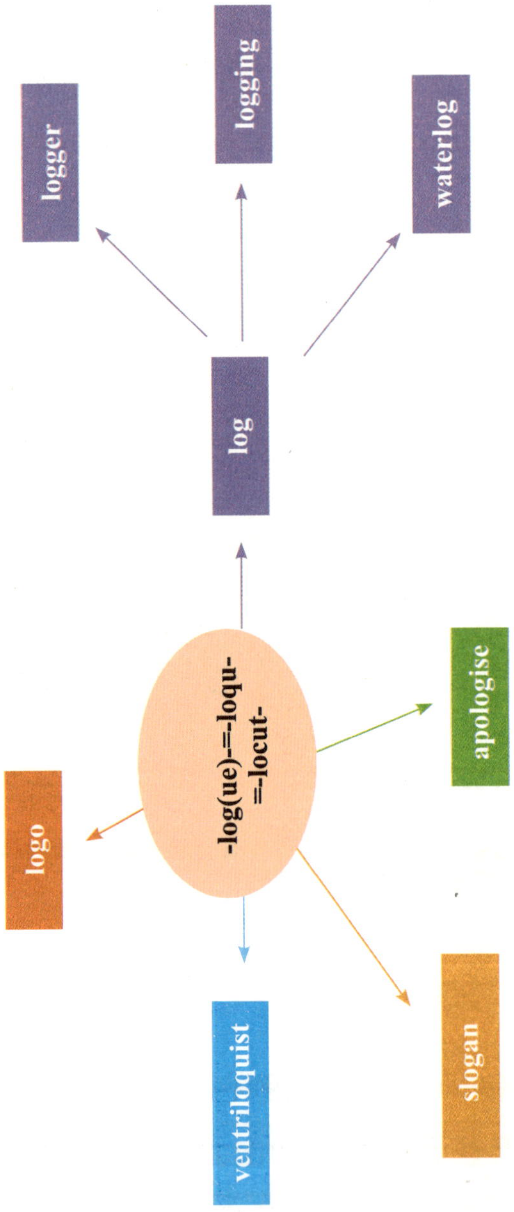
-log(ue)-=-loqu-
=-locut-
log
logger
logging
waterlog
logo
ventriloquist
slogan
apologise

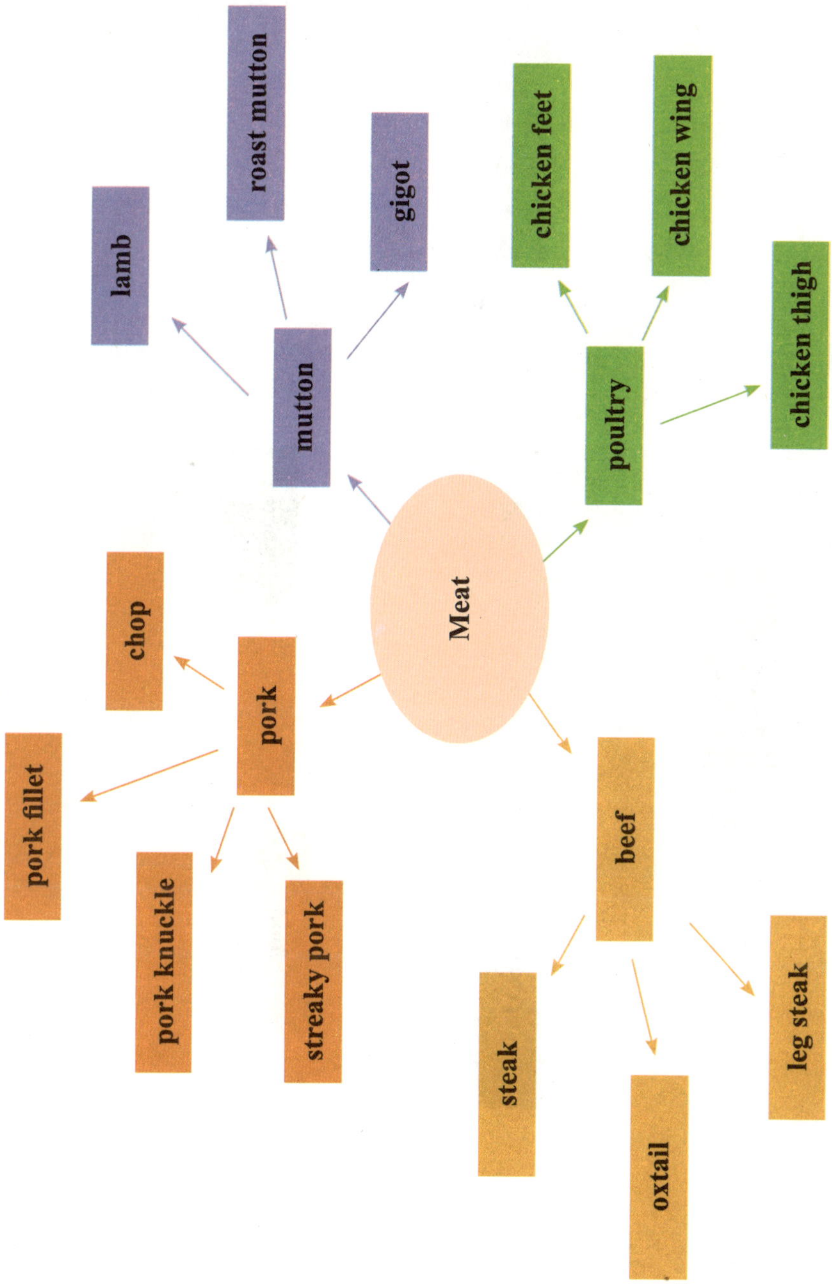
Meat
mutton
lamb
roast mutton
gigot
poultry
chicken feet
chicken wing
chicken thigh
pork
chop
pork fillet
pork knuckle
streaky pork
beef
steak
oxtail
leg steak

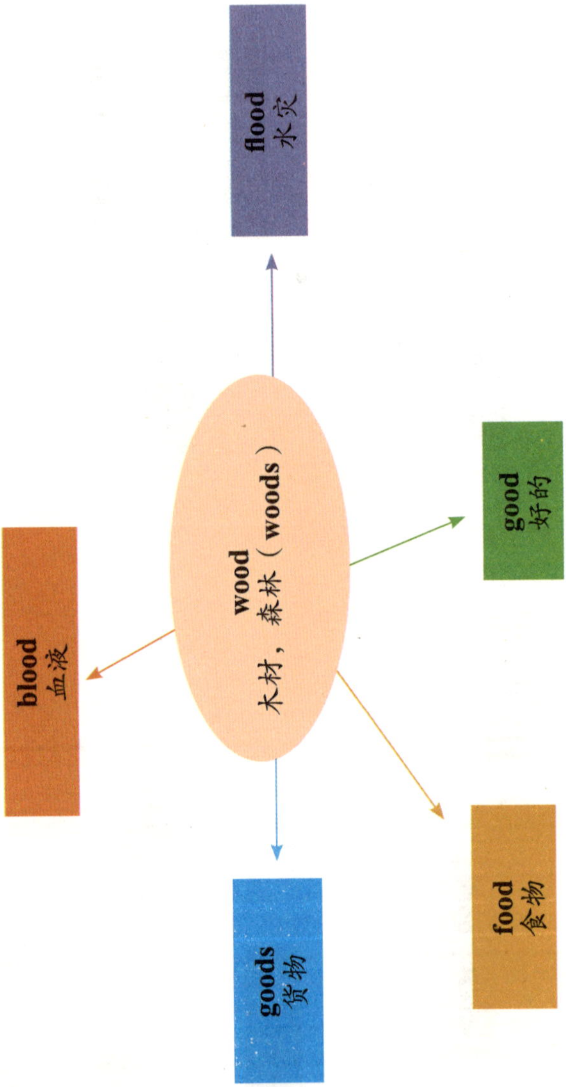
wood
木材，森林（woods）
flood
水灾
good
好的
food
食物
goods
货物
blood
血液

2. 思维导图中的英语实用性

在你从未接触过思维导图这件事之前，你的英语笔记大概是这种形式的。

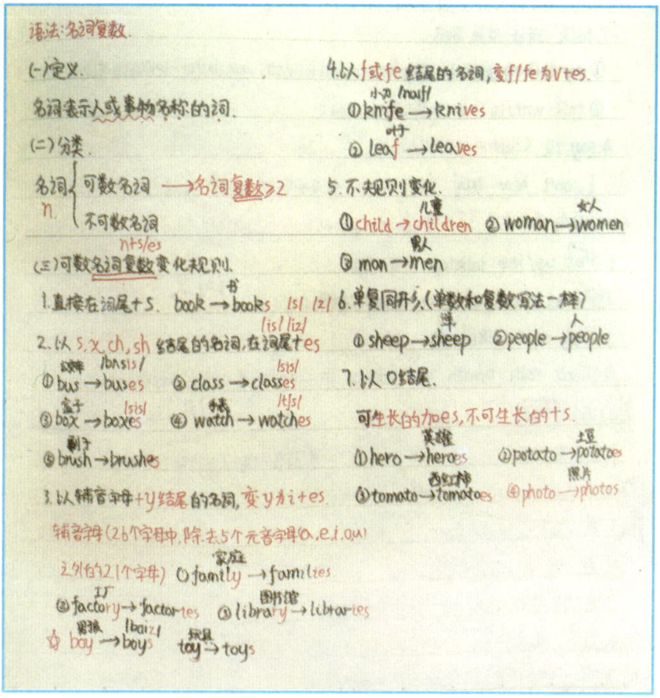

我以前也是这样记笔记的，但是，记完之后我基本都不想再去看第二眼。学英语本身已经是个力气活儿了，还要应付这些无趣的语法、词性之类的定义。所以，直到现在，我都坚持认为我从这样的笔记中没有获得半点对于学好英语的帮助。这也是我请你一定要将思维导图引入到你的英语课业中的原因。

因为，英语学习的关键是单词和语法，而用思维导图的最大好处是——使单词与单词之间建立联系，单词将不再是一个一个孤岛式的知识点。而且，通过连接线以及你创意式的图画，能使枯燥无味的语法变得更生动形象，让纷繁复杂的知识点更井然有序。

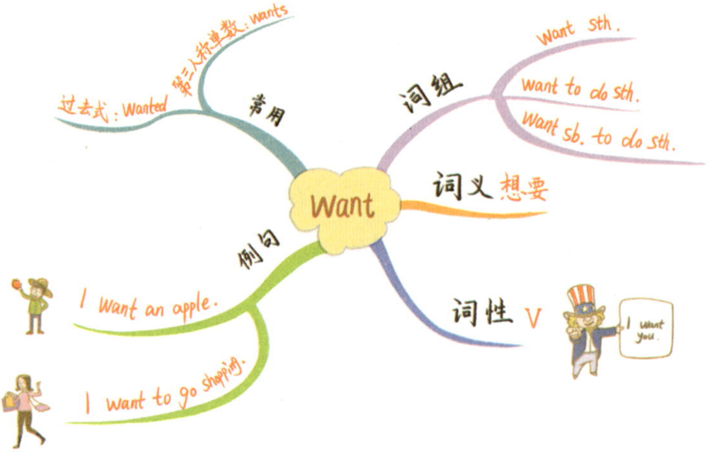

从上面这张思维导图中，你看到了“want”这个单词的丰富性。它不再是孤零零地被放在第一行，然后第二行、第三行、第四行再依次割裂式地写出它的各种特性。

相反地，你看到的是一张视觉直观、条理清晰的图像。而且你也很容易从这张图上找到主要内容。它比一本书更容易让你浏览、预览和导航。更重要的是，你可以使用醒目的颜色、形状和图标，令它比语法书更有吸引力。你也可以将其当作一幅完整的画面直接印入脑中。

英语语法也是如此，下面这张思维导图中概述了英语中的时态使用，显而易见，记住一般过去时和过去进行时的区别就变得有趣多了。

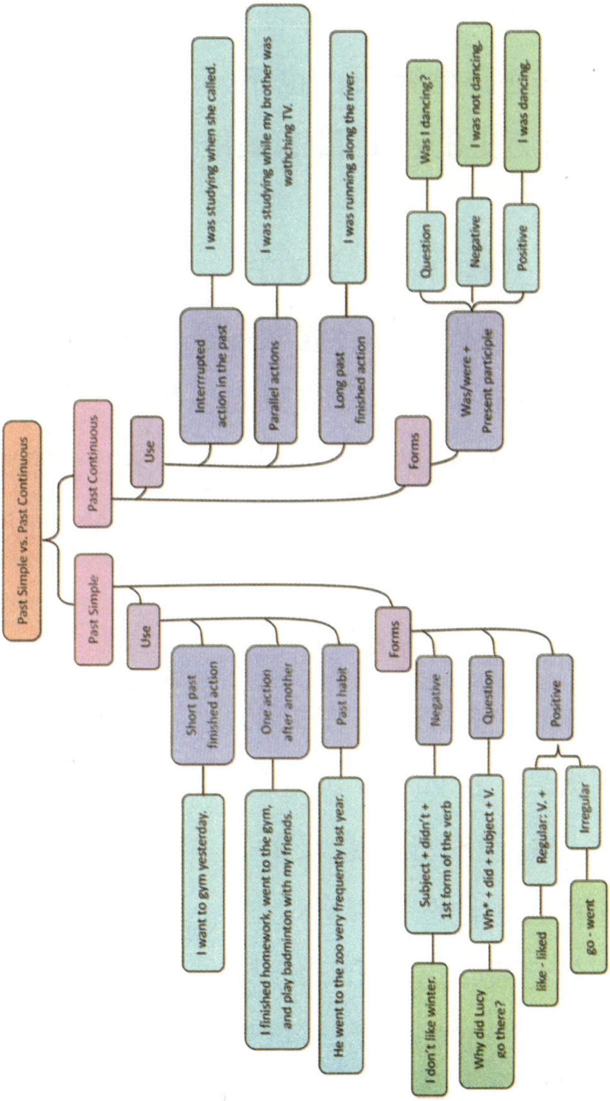

第四节 让历史笔记引导你成为“预言家”

知道学习历史的目的是什么吗？并不是让你非得记住皇帝们的生日是哪天，也不一定非要知道所有战役的名称。学习历史的主要目的是能让你成为一个大“预言家”！

因为人类虽然存在了千万年，但是一些本性永远不会变。所以，每一代人都会遇到很多一样的问题。比如从未远离过我们的战争，爆发的原因也都差不多。

所以，如果你看的历史史料足够多，你就能从那些曾经发生过的事件中总结学习到智慧的经验，以及躲避愚蠢的技巧。

但是，很多同学在学习历史的过程中，特别容易迷失在细节中，看不到大局。比如，单纯记住皇帝们的生日是没有任何意义的。你也许应该再想想他在争夺皇位时正处于哪个年纪段，这个年纪的人有哪些特点有助于他能成功。你就能知道自己到了那个年龄时要做些什么。瞧，这就是学习历史的有用之处。

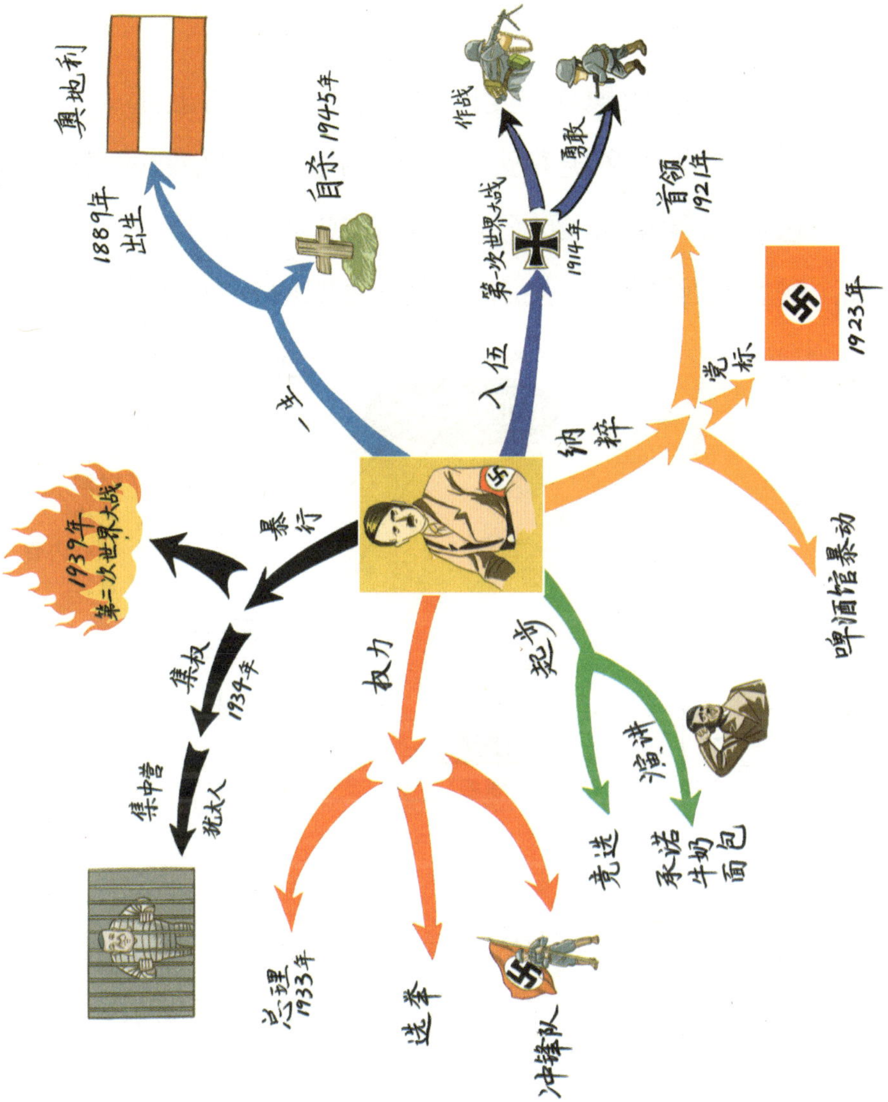
一生
1889年出生
奥地利
自杀1945年
入伍
第一次世界大战
1914年
作战
勇敢
纳粹
首领
1921年
党标
1923年
啤酒馆暴动
起步
演讲
承诺
牛奶
面包
竞选
权力
总理1933年
选举
冲锋队
暴行
1939年
第二次世界大战
集权
1934年
集中营
犹太人

上面这张关于德国希特勒的思维导图，可以看到图中将希特勒置于中心点，再延伸出种种问题后，就可以非常直观地看到一个政治人物对于世界的影响力与破坏性，令人印象深刻。

所以，你如果希望自己能跳出教科书上那一行行字的局限而想得更多更高远，万能的思维导图绝对值得你掌握。它可以帮助你更好地从历史或全球的角度来看待信息，联想到所有相互关联的部分会如何相互作用。

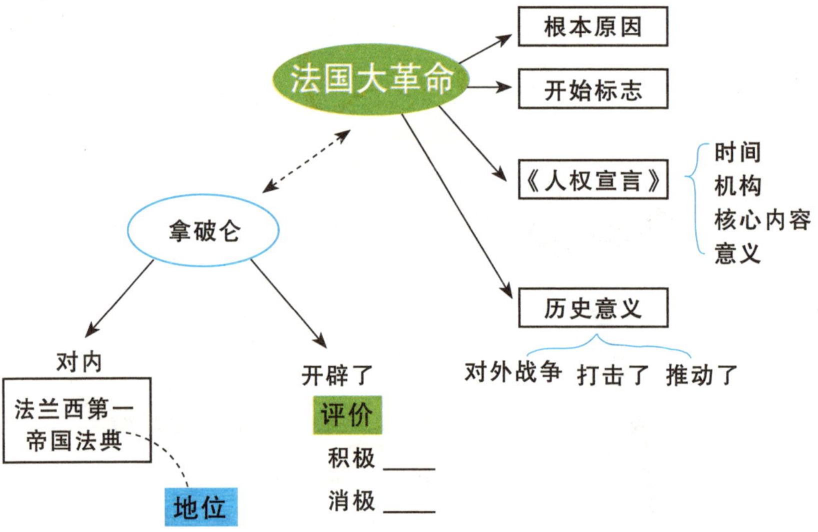

再如，当你学习中国近代史时，你一定觉得头痛，因为那个时期里发生了太多太多的事，纷繁复杂，往往容易使人看了一遍又一遍，结果还是理不清、想还乱。但是，试着将它用思维导图呈现时，你会发现其实那些年发生的事也不过如此简单。

繁杂的事件被整理得清晰明白，一目了然。虽然只是几个关键词，但是每一个词都是你的记忆引爆点。当然，这一切都建立在你要仔细地读过那段历史才能提炼得如此精简。

你越能在思维导图中管理和组织你的问题，你就越有可能在看似杂乱的信息片段之间找到更多的联系。因此，通过思维导图可以使你找到你以前可能不知道的答案。

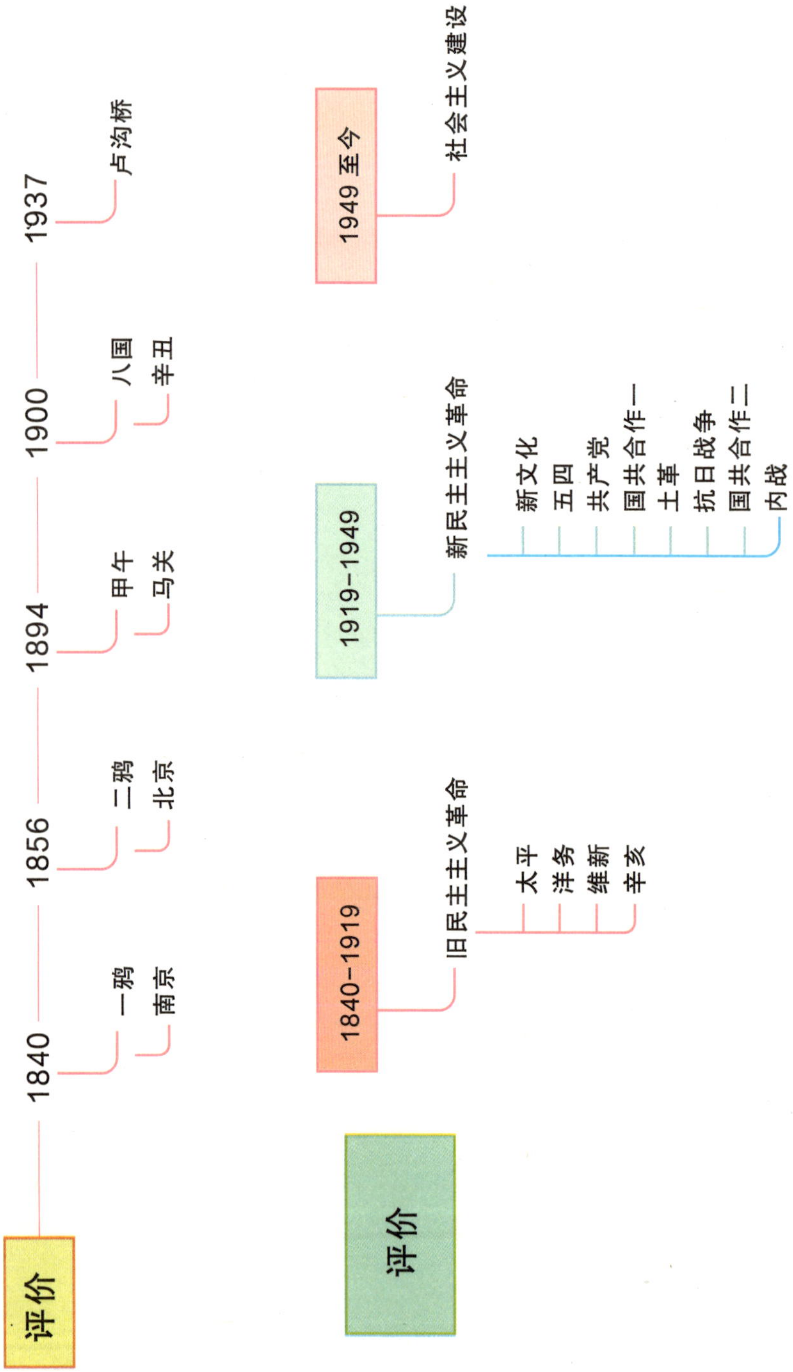
评价
1840
一鸦
南京
1856
二鸦
北京
1894
甲午
马关
1900
八国
辛丑
1937
卢沟桥
评价
1840-1919
旧民主主义革命
太平
洋务
维新
辛亥
1919-1949
新民主主义革命
新文化
五四
共产党
国共合作一
土革
抗日战争
国共合作二
内战
1949 至今
社会主义建设

第五节 一个都不能少的地理笔记

相较于历史课业的思维导图的视觉效果而言，地理课业在构建思维导图时更容易发挥你的创造力。

因为地理所涉及的内容丰富而多元，包括地理位置、物产、气候，等等，这无形中为你的地理思维导图增加了无限的创作元素。

比如右页这张思维导图。

但是，正是由于地理学涉及内容太过广泛，想要学好它还是很难的。

每次翻开地理课本时，一行一行的文字总想抢着向你宣传它们都挺重要，都是必不可少的知识点，都值得你花时间去努力记忆。可是，谁又能够将一整本书都背下来呢？于是，作为普通人，你很快便陷入了丢东落西的困境。

而且更让人泄气的是，当你一行一行阅读了大量信息后，你会发现前面刚刚读过的大部分内容一点都没被大脑收藏！因为那一行又一行的排列方式让大脑觉得无聊，它的工作积极性调动不起来。

为此，你只能通过将地理中的每一个知识点先列出

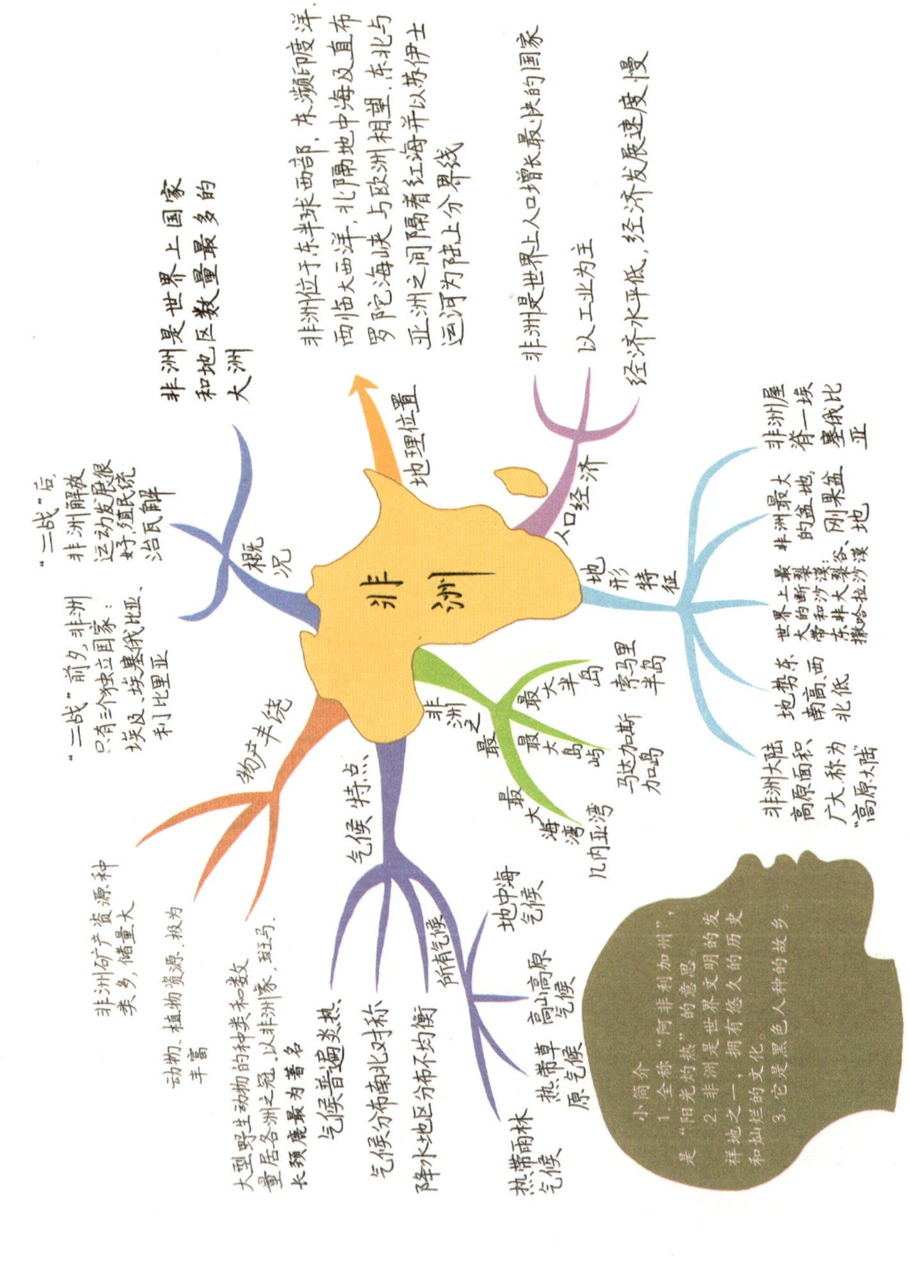
非洲
概况
"二战"后，非洲解放运动发展很好，殖民统治瓦解
"二战"前夕，非洲只有三个独立国家：埃及、埃塞俄比亚、利比里亚
非洲是世界上国家和地区数量最多的大洲
地理位置
非洲位于东半球西部，东濒印度洋，西临大西洋，北隔地中海及直布罗陀海峡与欧洲相望，东北与亚洲之间隔着红海并以苏伊士运河为陆上分界线
人口经济
非洲是世界上人口增长最快的国家
以工业为主
经济水平低，经济发展速度慢
地形特征
非洲大陆高原面积广大，称为"高原大陆"
地势东南高，西北低
世界上最大的断裂带和沙漠：东非大裂谷、撒哈拉沙漠
非洲最大的盆地：刚果盆地
非洲屋脊一埃塞俄比亚
非洲之最
最大半岛 索马里半岛
最大岛屿 马达加斯加岛
最大海湾 几内亚湾
气候特点
气候普遍炎热
气候分布南北对称
降水地区分布不均衡
所有气候
热带雨林气候
热带草原气候
高山高原气候
地中海气候
物产丰饶
非洲矿产资源种类多，储量大
动物、植物资源，极为丰富
大型野生动物的种类和数量居各洲之冠，以非洲象、斑马、长颈鹿最为著名
小简介
1.全称"阿非利加洲"，是"阳光灼热"的意思。
2.非洲是世界文明的发祥地之一，拥有悠久的历史和灿烂的文化。
3.它是黑色人种的故乡。

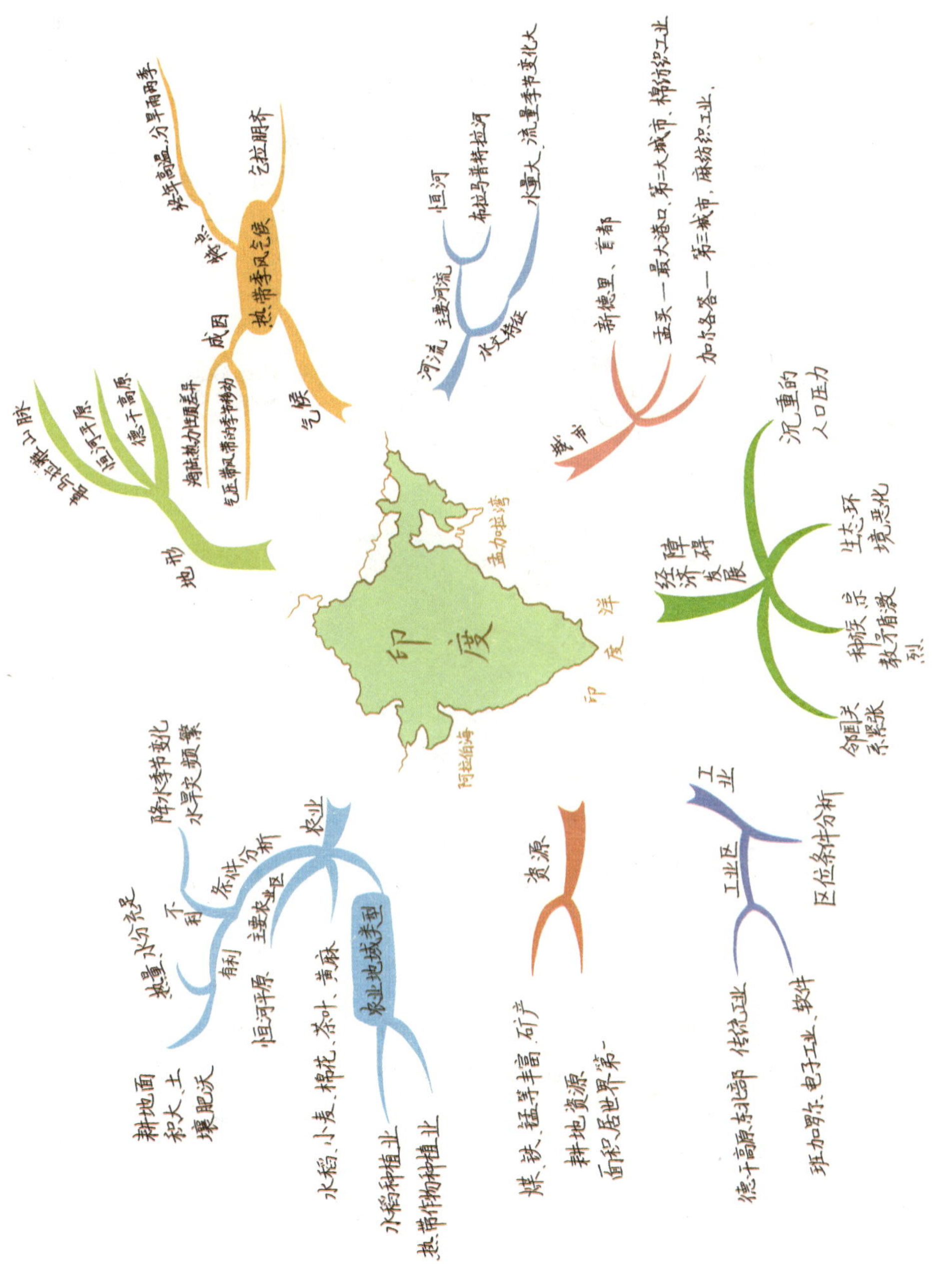
印度
孟加拉湾
阿拉伯海
印度洋
地形
喜马拉雅山脉
恒河平原
德干高原
气候
热带季风气候
特点
终年高温，分旱雨两季
乞拉朋齐
成因
海陆热力性质差异
气压带风带的季节移动
河流
主要河流
恒河
发源于喜马拉雅山
水文特征
水量大，流量季节变化大
城市
新德里，首都
孟买——最大港口，第一大城市，棉纺织工业
加尔各答——第二城市，麻纺织工业
经济发展障碍
沉重的人口压力
生态环境恶化
种族、宗教矛盾激烈
邻国关系紧张
工业
工业区
传统工业
德干高原东北部
软件
班加罗尔，电子工业
区位条件分析
资源
煤、铁、锰等丰富矿产
耕地资源面积居世界第一
农业
条件分析
有利
热量、水分充足
耕地面积大，土壤肥沃
不利
降水季节变化，水旱灾频繁
主要农业区
恒河平原
水稻、小麦、棉花、茶叶、黄麻
农业地域类型
水稻种植业
热带作物种植业

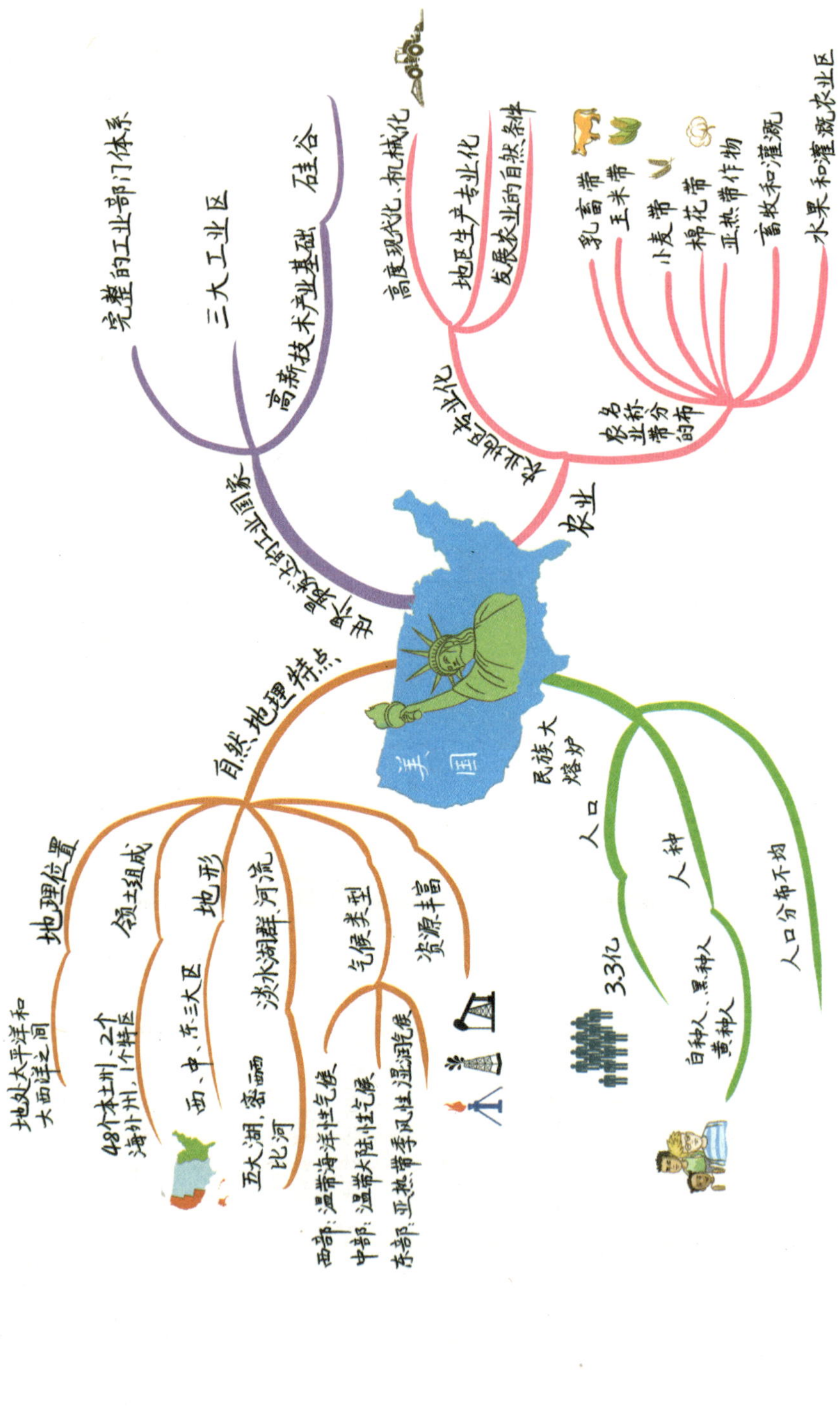

美国
自然地理特点
地理位置
地处太平洋和大西洋之间
领土组成
48个本土州、2个海外州、1个特区
地形
西、中、东三大区
淡水湖群、河流
五大湖、密西西比河
气候类型
西部：温带海洋性气候
中部：温带大陆性气候
东部：亚热带季风性湿润气候
资源丰富
世界最发达的工业国家
完整的工业部门体系
三大工业区
高新技术产业基础
硅谷
农业
农业地区专业化
高度现代化、机械化
地区生产专业化
发展农业的自然条件
农业带分布
乳畜带
玉米带
小麦带
棉花带
亚热带作物
畜牧和灌溉
水果和灌溉农业区
人口
3.3亿
人种
白种人、黑种人、黄种人
民族大熔炉
人口分布不均

来，然后为其分类、归纳、提炼之后，再提供相互有关联的片段、漂亮的颜色、有形有款的图像以及特别的符号和文字，才能让大脑充满活力感觉刺激。之后，它就会特别地关注这些新元素，为你记住它们。

而这样的笔记就是建立在你如何能有效地将看似无关的信息拼凑在一起的基础上的。当你将地理课本上的一行行文字分拆、提取成上面这些思维导图的样子时，这些地理知识就会深深刻在你的大脑中！

第六节 数学课的笔记能挑战你的创造力

关于数学，其实你也很清楚，光靠读、听或画些图是不可能学好数学的。学习数学的关键就只有挽起袖子去解答各种数学题，越多越好。每个问题都有自己的特点，只有先解决了大量的数学问题之后，你才有可能成为数学高手。

不过即便如此，思维导图对于数学笔记来讲也还是非常有效的。

数学是一门循序渐进的学科，所以在学习其他更复杂的解决方案之前，先对数学主题中的关键概念有一个牢固的理解是很重要的。

而对于概念的理解最好的办法就是用思维导图将其中的关联性展现出来。这是思维导图对于数学的最重要的贡献。

比如下页这张思维导图中，关于三角形的知识，你可以将涉及的众多知识点及概念同时放在一起，这样可以方便大脑集中理解，一次性获知关于三角形的内容。

不过很多情况下，你的老师也许已经在黑板上为你

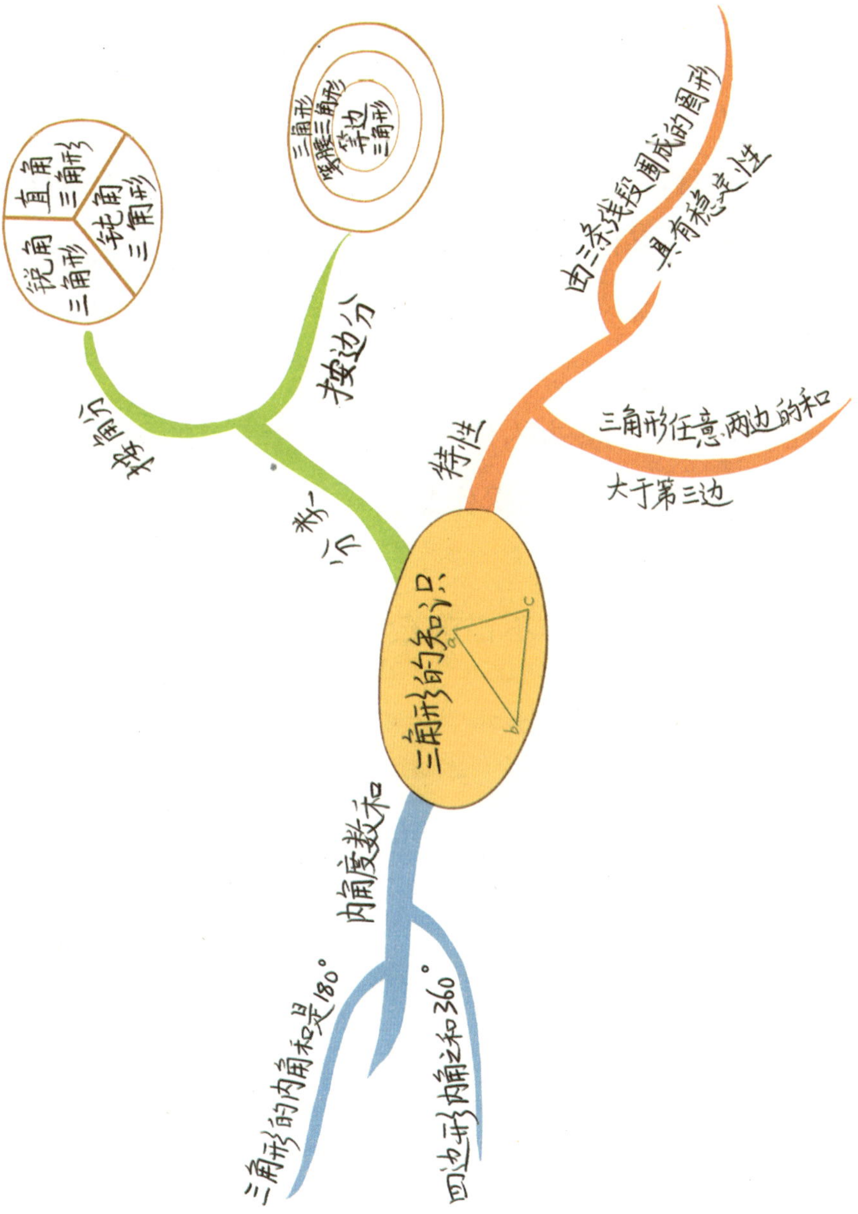
三角形的知识
分类
按角分
锐角三角形
直角三角形
钝角三角形
按边分
三角形
等腰三角形
等边三角形
特性
由三条线段围成的图形
具有稳定性
三角形任意两边的和大于第三边
内角度数和
三角形的内角和是180°
四边形内角和360°

做了一张思维导图，那么你的任务是照原样画下来吗？当然不可以！

你要在其基础上增加你自己对知识点的各种新想法、新发现，只有那张图有了你自己的思维印迹，那张图才真正属于你！

比如老师只介绍了三角形的类别及使用，那你也许还想了解一下是谁发现了三角形，他研究三角形是为了什么……现在网络如此普及，你完全有可能搜索到更多的“小八卦”。

虽然，这些额外的信息与你正在学习的内容没有一点关系，但这番细节的操作却会让你对这一领域的知识了解得更深刻。

下页都是我觉得不错的数学课业的思维导图，推荐给你以供参考。

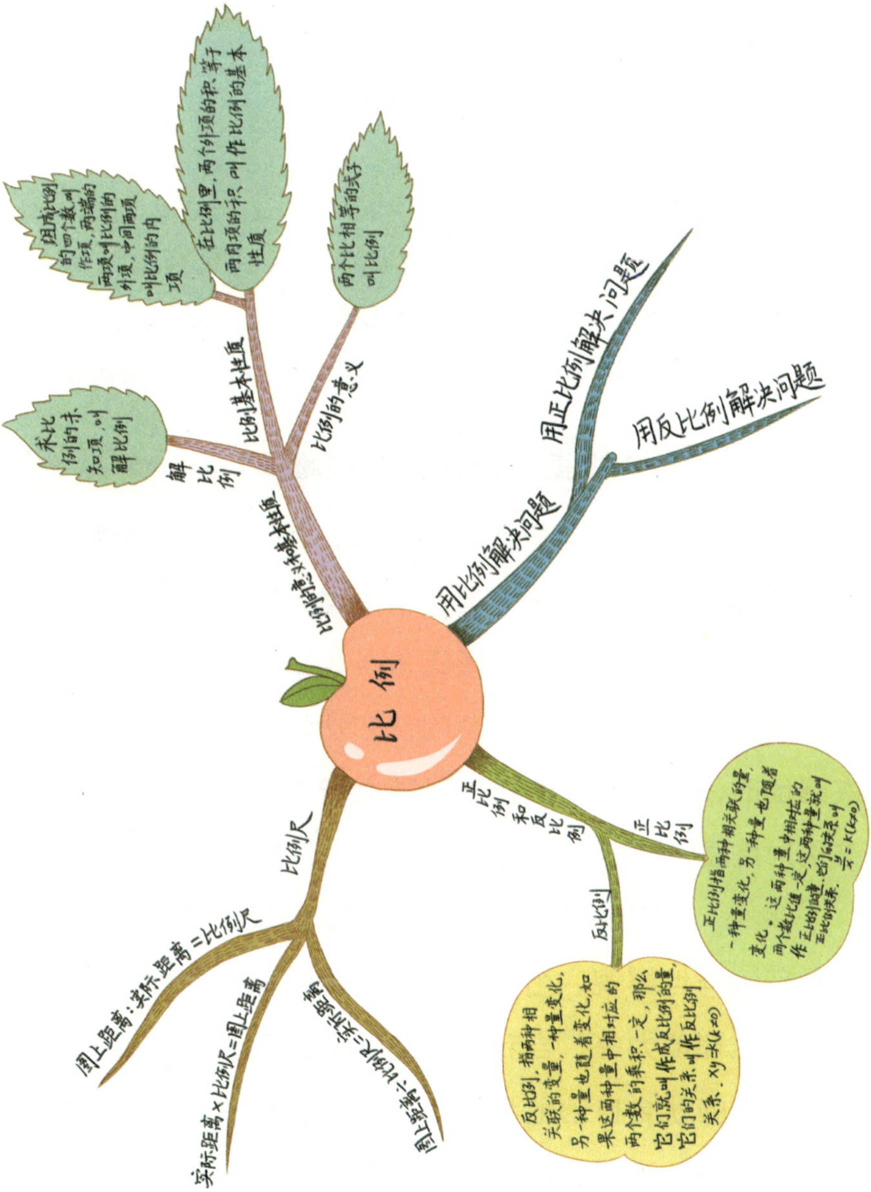
比例
比例的意义和基本性质
比例基本性质
比例的意义
两个比相等的式子叫比例
在比例里，两个外项的积等于两个内项的积，叫作比例的基本性质
组成比例的四个数叫作比例的项，两端的两项叫比例的外项，中间两项叫比例的内项
解比例
求比例的未知项，叫解比例
用比例解决问题
用正比例解决问题
用反比例解决问题
正比例和反比例
正比例
反比例
反比例，指两种相关联的量，一种量变化，另一种量也随着变化，如果这两种量中相对应的两个数的乘积一定，那么它们就叫作成反比例的量，它们的关系叫作反比例关系，xy=k(k≠0)
比例尺
图上距离：实际距离=比例尺
实际距离×比例尺=图上距离
图上距离÷比例尺=实际距离

思维导图练一练

下面这篇摘自《整理大脑》一书，此处短文的结构比较简单，可以供你尝试着将其做成一张入门级的思维导图。一定要记住我们在前文所提到的几个要点：标题、关键词、导图结构、颜色。

《阅读，最 easy 的健脑操》

说到保持头脑年轻和大脑健康，阅读对所有年龄段的人来说都是一项伟大的消遣。从生理学来讲，阅读能将人们患上认知障碍症的风险降低 35%。斯坦福大学的学者认为，阅读因为需要多种复杂的认知功能相互协调，所以每次阅读时，特定脑区的血流量随之增大。因此阅读一向都被认为是最好的健脑方式。

此外，即使只是一本小说，你都能从中扩展你现有的认知范围与世界观。当然，阅读还能增加你的词汇量，增强抽象推理能力等。当我们从阅读中学习了新的概念和想法后，大脑就会自动地将其与生活中看到的这些概念联系起来。例如，读了一本关于建筑的书之后，你会以不同的眼光看待建筑。如果读了其他内容的书籍后，大脑又是如何将其应用在生活中的呢？

传记

传记可以给你一个全新的视角，你从传记中看到的不仅是某个人的生活事件，更重要的是你能不知不觉地学会如何思考，以及用怎样的方式去应对生活中的同类事件。

每当看到一位名人，人们多数都会羡慕他们的现有荣耀与光环，却忽略了他们其实也有恐惧、痛苦、希望和梦想。当你读过他/她的传记后，你可能不会只关注他们的表面光鲜了。

如《贝多芬传》《假如给我三天光明》《钢铁是怎样炼成的》

历史

研究历史其实是非常吸引人的一件事，犹如在读侦探小说一般。选择一个自己感兴趣的时代，投入其中。有些历史书籍追溯的是某个商品的发展，阅读它们会更为有趣。比如那些讲述了盐如何塑造国家，疾病如何终结帝国，自行车如何改变了世界等的历史书。总之，阅读历史类书籍可以使你的大脑得到锻炼，如越来越擅长记住事件、人物、时间等细节。

如《全球通史》《二十五史》《中国上下五千年》

外国作家的作品

阅读外国作家的作品可以让你对其他国家的文化有一个深刻的了解。从不同的日常习惯，到诸如人生观、世界观等这样更大的差异。

如《格列佛游记》《八十天环游地球》《人性的弱点》《少年维特之烦恼》

诗歌

诗歌是最容易被低估的一种阅读形式。诗歌通过象征、寓言和不明确的含义来挑战大脑。选一本诗集，每天选一首。花点儿时间读这首诗，大声读出来，让你的大脑围绕着诗人的文字、意思和意图进行思考，慢慢地你会变得说话做事都更精练、简洁。

如《泰戈尔诗选》《李清照词传》《唐诗宋词元曲》《纳兰容若词传》

经典文学作品

任何一部作品能够成为经典都是有其原因的。拿起狄更斯的作品，你会得到双重享受：对英国历史的洞察和人物性格的深度了解。

一开始，你可能会觉得古典文学很深奥，但读了几页之后，你就会适应这样的写作形式，并且开始不自觉地模仿那个时代的说话方式。大脑会因为要适应这种较古老的语言形式和较长的句子而变得更警觉。

如《西游记》《福尔摩斯探案集》《雾都孤儿》

科学

科学书籍非常棒。因为很多科学内容都会讲述一个关于现象的故事。试着选择一个领域——天文学、物理学、化学——然后找一本可读性较强的书。只需要读一本，你就会觉得自己似乎已是一位专家，或者至少对那个领域不再陌生。

如《昆虫记》《图说时间简史》《恐龙百科》《生物的秘密武器》《不可思议的现象》《自然奥秘探索》

工具类书籍

学习如何造一艘船，即使你不打算亲自造船；看一本烹饪书籍，即使你可能永远不会去照着做；了解如何在野外生存的独家新闻，即使你更喜欢待在家里……有数百种有趣的此类书籍供你选择。只要选定一本，然后读下去。你的大脑也会因此而受到挑战，它会不自觉地想象你将如何做那个项目，以及计划它所涉及的所有步骤。万一你真的实施了这项技能呢？你岂不是会得到双倍的加分！

如《超级记忆术——大脑使用书》《趣味语文》《思维风暴——打造最强大脑》《一看就想吃的中式面食》

艺术、时尚、设计

浏览这些书中的精彩图片，可以训练大脑学会用一种超脱日常生活的角度去理解不同的主题、图像，以及建筑或时尚的趋势。很快你就会感觉到周围的建筑物或人们穿的衣服对你产生的影响。

如《艺术的故事》《卢浮宫艺术课》《植物形态平面设计》《时尚简史》

旅行

旅游书籍通常既有趣且内容极为翔实，找一些你感兴趣的地方，仔细阅读。计划一次远行，计划好所有的细节——酒店、餐馆、景点，制定详细的行程和预算。你的大脑将受到日程安排、价格、文化和历史细节的挑战。

如《去旅行》系列、《带一本书去巴黎》

其实，无论你阅读什么，都会从中获益。正如认知神经学家戴维·刘易斯所说：“书上的文字能够激发人们的创造力，从而带人们进入另一种状态。从心理角度来讲，阅读时人们的思绪会集中在文字上，进入文学世界，紧张的身体和大脑可以因此而得到放松。”

英国人曾进行过一项调查研究，他们先让受调查的对象通过一个测试来把他们的压力水平和心率提高到某个阶段，随后再让其参与各种活动缓解压力。结果表明，用阅读来放松身心的效果最为明显，6分钟内就能够降低压力水平的68%。而其他降压法的排名分别为：听音乐能够降低61%的压力，喝茶或咖啡降低54%的压力，散步降低42%的压力。

所以，在一天结束时与其看几个小时的电视或手机，不如试着拿起一本书。

练一练